El Código Da Vinci descodificado

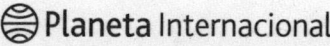

Si está interesado en recibir información
sobre nuestras publicaciones,
envíe su tarjeta de visita a:

Comte Borrell, 241
08029 - Barcelona
Tel. 93 410 97 93
Fax 93 321 50 68
e-mail: info@amateditorial.com

Martin Lunn

El Código Da Vinci descodificado

Todos los detalles de la novela más polémica de los últimos tiempos, sus protagonistas y el escenario histórico al descubierto

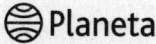

Obra editada en colaboración con Editorial Amat, SL

Este libro no podrá ser reproducido, ni total ni parcialmente, sin el previo permiso escrito del editor. Todos los derechos reservados.

Título original: *Da Vinci Code Decoded*
Traducido por: *Isabel Murillo*
Diseño cubierta: *Jordi Xicart*

© 2004, The Disinformation Company Ltd.
© de la edición original en lengua castellana: Editorial Amat, SL, 2004
© Editorial Planeta, S. A., 2005
   Diagonal, 662-664, 08034 Barcelona (España)

Primera edición: diciembre de 2004
Primera edición para Latinoamérica: enero 2005
Depósito Legal: B-2630-2005
ISBN de la presente edición: 84-08-05797-9
ISBN de la edición original: 84-9735-188-6
Fotocomposición: gama sl
Impresión: T.G. Vigor, S.A. – Sant Feliu de Llobregat (Barcelona)
Printed in Spain - Impreso en España

Agradecimientos

Gracias a Tracy Twyman y a Brian Albert de la revista *Dagobert's Revenge* por sus consejos y su apoyo en la investigación para este libro, y también por presentarme a Gary Baddeley y Richard Metzger, The Disinformation Company. Gary y Richard dedicaron también interminables horas a ayudarme a pulir las páginas que usted tiene ahora en sus manos. Tengo asimismo que reconocer la paciencia de Julio y Steve mientras han tenido que convivir entre ese mar agitado de materiales de investigación que nos engulleron durante los meses dedicados a la investigación de este libro.

Índice

Agradecimientos 5

Introducción 9

1. Leonardo Da Vinci: su vida y su obra 11
2. El Priorato de Sión, sus Grandes Maestres y los Plantard 33
3. Los linajes Davídico y Merovingio 63
4. El verdadero Saunière y Rennes-le-Château 81
5. Constantino el Grande 97
6. El Santo Grial en Europa 107
7. Jesucristo: los hechos y la ficción 115
8. ¿Estuvo casado Jesús? 125
9. Opus Dei 131
10. Otros temas explorados en *El Código Da Vinci* .. 141
11. Localizaciones parisinas destacadas presentes en *El Código Da Vinci* 161
12. La Capilla Rosslyn 165
13. Londres 175

Glosario 185

Bibliografía 195

Introducción

> *La pregunta que ha estado en boca de todos desde la publicación de* El Código Da Vinci *en abril de 2003, es «¿cuánto de lo que dice es cierto?». Por supuesto que el autor, Dan Brown, menciona al principio de su novela que «todas las descripciones de obras de arte, edificios, documentos y rituales secretos que aparecen en esta novela son veraces», pero es ficción, al fin y al cabo, y ¿no se habrá permitido alguna que otra licencia poética?*

El objetivo de este libro es intentar separar la realidad de la ficción. ¡No es tarea fácil! En algunas ocasiones, el tema utilizado por Brown muestra un aspecto desde una perspectiva y otro completamente distinto desde otra.

El Código Da Vinci ha conseguido que la Iglesia cristiana se sienta bajo el punto de mira… y no le gusta verse observada con ojo crítico. La Iglesia ha dependido de la fe de sus seguidores durante 2000 años y, para sus propios intereses, la fe es creer sin necesidad de pruebas. La cristiandad ha sido incapaz de proporcionar cualquier prueba convincente de la mayoría de las cosas que quiere que sus seguidores crean y, principalmente, durante gran parte del último siglo, ha tenido que defenderse ante una amplia diversidad de descubrimientos científicos que, a buen seguro, desearía que se esfumaran.

Ahora, la Iglesia se encuentra de nuevo enfrentada a preguntas difíciles, esta vez debido a una novela bestseller titulada *El Código Da Vinci*.

Si *El Código Da Vinci* se ha convertido en un éxito tan explosivo no es por su trama reconocidamente atractiva, con aventura y asesinatos, sino porque Dan Brown ha estimulado a sus lectores para que vean «verdades» conocidas y previamente aceptadas bajo una luz completamente desconocida.

Con ello ha fomentado el apetito de muchos, aunque dejándolos curiosamente insatisfechos al final de la novela. Brown incita a sus lectores a formularse preguntas difíciles y espero que este libro aporte su granito de arena y, de un modo u otro, satisfaga el creciente gusto del público por este tipo de material.

Algunos pensamos que en el transcurso de las dos últimas décadas se ha producido un proceso de «ablandamiento» que está conduciendo al ser humano hacia algún tipo de revelación espiritual. Esto se ha conseguido a través de películas de ciencia ficción, como la trilogía *Matrix*, y mediante el interés popular y el debate sobre fenómenos esotéricos en diversos círculos especializados en ovnis y otras elucubraciones. Esta revelación podría, incluso, adquirir la forma de las excavaciones llevadas a cabo en Rennes-le-Château, dando como resultado el reconocimiento de las familias Grial.

La subversiva novela de Dan Brown, *El Código Da Vinci*, ha contribuido mucho en este cambio que el mundo está experimentando. ¿Forma usted parte de esta corriente y quiere saber más?

Martin Lunn, Barcelona, España

1
Leonardo Da Vinci: su vida y su obra

La elección por Dan Brown de Leonardo Da Vinci como el artista central de su libro y como el personaje que aparece en el título resulta tanto interesante como sensible. Con el transcurso de los siglos, el personaje de Leonardo se ha hecho famoso para practicamente cualquier habitante del mundo occidental. Es, probablemente, el mayor ejemplo de universalidad que el mundo haya conocido. Junto con Albert Einstein, Leonardo Da Vinci es el máximo representante humano de lo que denominamos «genio».

En su época, no era en absoluto extraño que la gente indagara en más de un área de conocimiento o experiencia pero, a pesar de ello, no había, ni siquiera entonces, nadie que pudiera hacerle sombra como pintor, escultor, arquitecto e ingeniero. No sólo eso, Leonardo exploró también la naturaleza para comprender mejor no únicamente el funcionamiento de las cosas, sino también el porqué. En consecuencia, Dan Brown está en lo cierto cuando dice que Leonardo era «un adorador del orden divino de la Naturaleza». Mientras sus contemporáneos se dedicaban a pintar las plantas copiándolas de dibujos que pudieran encontrar en láminas o libros, él las copiaba directamente de la naturaleza. La elección de las plantas que aparecen en su obra fue simbólica. Como Dan Brown nos cuenta en un tono sorprendido, diseccionó incluso cadáveres: unos treinta en total, lo que hace una media aproximada de dos por año mientras estaba estudiando el tema. Era una actividad ilegal, aunque un asunto muy distinto es si él personalmente era quien exhumaba los cuerpos. La Iglesia creía que el cuerpo humano debía enterrarse intacto para que así pudiese resucitar el Día del Juicio Final. Aun así, Leonardo parece tener las bendiciones de la Iglesia para realizar sus prácticas; no cabe duda de que mucha gente influyente estaba impresionada por las habilidades demostradas en los dibujos en que presentaba las diversas capas del cuerpo humano desde varias perspectivas. Es decir, diseccionar cadáveres estaba prohibido, pero nadie se molestó en emprender acciones contra Leonardo por hacerlo. (Este aparente menosprecio por la ley puede, en algunos casos, sonarle bastante a cualquiera que esté familiarizado con el sistema legal de la Italia actual.) Los detallados dibujos de Leonardo contribuyeron en gran manera a conformar el cuerpo de la medicina de la que hoy nos beneficiamos.

Sus inventos demuestran una visión considerable. Realizó diseños de tanques, paracaídas, coches y helicópteros que no se harían realidad hasta pasados los siglos. Diseñó incluso, un telescopio cien años antes que Galileo. Para Leonardo, el sentido más elevado del hombre era el de la vista por su capacidad de transmitir exactitud. Su filosofía era, por lo tanto, *saper vedere* (saber cómo ver). La afirmación de Dan Brown de que Leonardo pintaba temas cristianos como medio económico de subvencionarse un estilo de vida lujurioso es, a lo mejor, injusta para el artista. Ejecutó todo aquello que hizo con una habilidad sin parangón y venía de una familia acaudalada. Lo que sí es cierto es que nunca pintó ninguna representación de la Crucifixión. No se le puede describir como un artista que haya generado una «cantidad enorme» de arte cristiano; de las sólo diecisiete pinturas supervivientes que se le han atribuido definitivamente, varias están inacabadas.

Los historiadores se refieren a él simplemente como «Leonardo». El nombre «da Vinci» no es un apellido, únicamente describe su lugar de origen. Sería algo similar a hablar de Alejandro el Grande y mencionarlo sólo como «el Grande». Sin embargo, «da Vinci» se utiliza tan comúnmente que no da lugar a la ambigüedad.

Leonardo nació en 1452, hijo ilegítimo de Ser Piero, abogado de éxito y terrateniente de Florencia, Italia. Su madre era una campesina florentina que posteriormente se casó con un obrero del lugar. Leonardo fue entonces conducido a las propiedades que su padre poseía en Vinci, cerca de Empoli, donde recibió el tratamiento de un hijo legítimo y donde fue educado en la lectura, la escritura y la aritmética. Posteriormente estudió latín, matemáticas superiores y geometría.

Cuando Leonardo tenía unos quince años de edad, su padre lo colocó como aprendiz con Andrea del Verrocchio, de quien aprendió pintura, escultura y artes técnico-mecánicas. Debió ser en esta época en la que conoció a un Gran Maestre del Priorato de Sión: Botticelli, que también estaba entonces trabajando como aprendiz para Verrocchio. Es probable que iniciara sus estudios de anatomía en este período y en un taller cercano. Trabajó independientemente en Florencia hasta 1481. Muchas de sus obras están datadas en esta época, incluyendo la inacabada *Adoración de los Magos*.

En 1482 entró al servicio de Ludovico Sforza, conocido como Ludovico il Moro, duque de Milán, apareciendo en los archivos de la familia como *pictor et inegarius ducalis* («pintor e ingeniero del duque). Sforza era amigo íntimo de René d'Anjou, otro Gran Maestre del Priorato de Sión. Leonardo pasó los diecisiete años siguientes allí hasta que Ludovico perdió el poder. Además de dedicarse a la pintura, a la escultura y al diseño de festivales para la corte, se convirtió en asesor técnico en asuntos arquitectónicos y en fortificaciones y cuestiones militares, trabajando incluso como ingeniero hidráulico y mecánico. Fue en esta época cuando desarrolló más plenamente su genio universal.

Durante este período completó sólo siete pinturas, incluyendo entre ellas la primera versión de *La Virgen de las Rocas* mencionada por Dan Brown. Se trataba de un retablo para altar que sería expuesto en la iglesia de San Francesco Grande en Milán. La magnífica obra, *La Última Cena*, pintada en la pared de Santa Maria delle Grazie, en Milán, data también de esta época.

Leonardo empezó entonces a desarrollar su idea de una «ciencia de la pintura». Llegó a la conclusión de que los pintores, utilizando su privilegiada visión, eran los medios perfectos para transferir pictóricamente el conocimiento y, en consecuencia, utilizó su arte para enseñar. Esto resulta especialmente importante para comprender el papel de Leonardo da Vinci en *El Código Da Vinci*. Leonardo no se limitó a pintar una representación bella de *La Última Cena*. Era su manera de decirnos algo de inmensa importancia de una manera que ha traspasado los siglos hasta llegar a nosotros y que puede ser comprendido por cualquiera que tenga acceso a su código. Cuando presentaba conjuntamente texto e ilustraciones, daba prioridad a la ilustración. La ilustración no expresa el texto; el texto sirve únicamente para explicar la pintura.

Entre 1490 y 1495 escribió tratados de pintura y arquitectura y libros sobre los elementos de mecánica y anatomía humana. Continuó también estudiando en varios terrenos científicos. Escribió y realizó bocetos detallados sobre todo lo que hacía, lo que suma un total de miles de páginas, muchas de las cuales han sobrevivido hasta nuestros días.

Siendo Leonardo zurdo, la escritura inversa no fue demasiado complicada para él. No era un estilo simple de leer y sus errores ortográficos y las abreviaturas sumaban dificultad. Sus notas tampoco estaban escritas en un orden lógico. Utilizó la escritura inversa a lo largo de toda su obra, pero su correspondencia indica que también se sentía cómodo con la escritura convencional. El principal biógrafo de Leonardo, Serge Bramley, ha examinado todos los manuscritos supervivientes de Leonardo y ha llegado a la conclusión de que escribía con ambas manos y en ambas direcciones.

Una de las consecuencias, sino el motivo de su utilización de la escritura inversa, era que la tinta no se corría cuando escribía con la mano izquierda. Pudo también, naturalmente, tener la intención de escribir en secreto para evitar que los demás le robaran las ideas. Un motivo adicional para buscar tanta seguridad pudieron ser sus ideas poco convencionales respecto al cristianismo. Como destaca Dan Brown, en la época de Leonardo, ser zurdo se asociaba con «el camino de la mano izquierda» y con las fuerzas satánicas. Por lo tanto, los zurdos eran mirados con recelo; en aquella época no era habitual encontrar a alguien tan franco al respecto como Leonardo. Escribió con la intención de publicar y en los márgenes de uno de sus bocetos de anatomía pide a sus seguidores que se aseguren de que sus obras son publicadas.

A principios de 1500, Leonardo había abandonado Milán y regresado a Florencia vía Venecia, donde el consejo gobernante le solicitó asesoramiento sobre la inminente invasión turca de Friuli. Leonardo recomendó inundar la zona. Al regresar a Florencia, Leonardo inició una tabla con *La Virgen y el Niño con Santa Ana* y otra con *La Virgen del huso*.[1] En 1503, Leonardo volvió a dejar Florencia y entró al servicio de Cesar Borgia, duque de Valentonois, hijo natural del Papa Alejandro VI y la persona más temida de la época. Era sospechoso de haber asesinado a su hermano, aunque el crimen del que sin duda fue culpable, fue el cometido en agosto de 1500, en el que murió su cuñado Alfonso, duque de Bisceglie, segundo esposo de su infame hermana, Lucrecia. Da Vinci se sintió fascinado por Borgia quien, con veintisiete años, tenía sólo la mitad de la edad de Leonardo.

En esta época, Leonardo se dedicó a la elaboración de planes urbanísticos y mapas topográficos. Su trabajo constituye

---

1. Este cuadro fue robado en agosto de 2003 del castillo de Drumlaring, en el sur de Escocia.

la base de la cartografía moderna. En 1503 regresó a Florencia y planificó un canal que iría desde la ciudad hasta el mar. En realidad, nunca llegó a construirse, aunque la autopista que actualmente conecta Florencia con el mar sigue exactamente el recorrido propuesto por Leonardo.

Leonardo pintó la *Mona Lisa* mientras trabajaba en un mural para el Salón de los Quinientos en Florencia, entre los años 1503 y 1506. Dejó la pintura inacabada cuando regresó a Milán por petición de Carlos d'Amboise, gobernador del Rey de Francia en esa ciudad. Pasó los siguientes seis años en Milán, concentrado en la arquitectura, recibiendo una portentosa paga anual de cuatrocientos ducados. En ese período pintó la segunda versión de *La Virgen de las Rocas*.

Cuando en 1513 los franceses fueron expulsados de Milán, Leonardo se trasladó a Roma. Giuliano de Medici, hermano del Papa León X, le ofreció un conjunto de estancias de su residencia, el Belvedere, que formaba parte del Vaticano. Recibía una paga, pero mientras que otros, como Miguel Ángel, trabajaban en diversos proyectos arquitectónicos y artísticos, Leonardo tenía poca cosa que hacer.

Leonardo se unió al ejército de Charles de Montpensier y de Borbón, condestable de Francia, y virrey del Languedoc y Milán, famoso por ser el señor más poderoso de Francia a principios del siglo XVI, quien asumió el puesto de Gran Maestre del Priorato de Sión en 1519, después de Leonardo.

A la edad de sesenta y cinco años, Leonardo aceptó la oferta del joven rey de Francia, Francisco I, para prestarle sus servicios. Pasó los últimos tres años de su vida viviendo en una pequeña residencia en Cloux (posteriormente llamado Clos-Lucé), cerca del palacio de verano del rey en el río Loira. Su título era el de «premier peintre, architecte et méchanicien du Roi» (primer pintor, arquitecto y mecánico del rey). Fue tratado casi como un invitado de honor. La única pintura que consiguió completar entonces fue la de *San Juan Bautista*, y la mayoría de sus otros trabajos en la época consistieron en bocetos para festivales de la corte. Realizó un diseño de los jardines de palacio para la madre del rey, pero los planes tuvieron que ser abandonados debido a la amenaza de la malaria.

Leonardo da Vinci murió el 2 de mayo de 1519 en Cloux, y fue enterrado en la iglesia del palacio de Saint-Florentin. La iglesia resultó gravemente dañada durante la Revolución Francesa y derrumbada finalmente en el siglo XIX. Su tumba desapareció. Su alumno más aventajado, Francesco Melzi, heredó su propiedad.

Leonardo ha sido descrito como uno de los primeros rosacruces y uno de sus biógrafos, Vasali, lo describe como una persona con un «estado mental herético». Se cree que esta herejía incluye su creencia de que Jesucristo tenía un hermano gemelo, Tomás. En su pintura de *La Última Cena*, aparecen dos figuras casi idénticas de Cristo. La segunda figura empezando por la izquierda muestra un parecido ineludible con Cristo, representado sentado en el centro, y se sospecha que esta figura podría representar a Tomás.

Robert Langdon, Sophie Neveu, Leigh Teabing y otros personajes de *El Código Da Vinci* comentan varias de las obras de Leonardo. Las más importantes son:

El hombre de Vitrubio

Una de las últimas aportaciones al dibujo de Leonardo (y sin duda la más conocida), *El hombre de Vitrubio* es la que aparece en la moneda italiana de un euro, indicando que la popularidad de este símbolo está en ascenso, no en descenso. Aparece también en múltiples publicaciones. Leonardo escribió sobre este dibujo:

> *Vitrubio, el arquitecto, dice en su trabajo sobre arquitectura que las medidas del cuerpo humano son las siguientes: cuatro dedos forman una palma, y cuatro palmas forman un pie, seis palmas forman un cúbito y cuatro cúbitos forman la altura de un hombre. Y cuatro cúbitos forman un paso, y vein-*

ticuatro palmos forman un hombre. La longitud de un hombre con los brazos extendidos es igual a su altura. Desde las raíces de su cabello hasta el extremo de su barbilla, será la décima parte de la altura de un hombre; desde el extremo de la barbilla hasta la parte superior de la cabeza, será un octavo de su altura; desde la parte superior del pecho hasta las raíces del cabello será la séptima parte del hombre entero. Desde los pezones hasta la parte superior de la cabeza será la cuarta parte del hombre. La amplitud mayor de los hombros contiene en sí misma la cuarta parte de un hombre. Desde el codo hasta la punta de la mano será la quinta parte de un hombre; y desde el codo hasta el ángulo de la axila será la octava parte del hombre. La mano entera será la décima parte del hombre. La distancia desde la parte inferior de la barbilla hasta la nariz y desde las raíces del pelo hasta las cejas es, en cada caso la misma, y como la oreja, un tercio de la cara.

Los Cuadernos de Leonardo da Vinci, Vol. 1

La Virgen de las Rocas

Dan Brown afirma que el encargo original de *La Virgen de las Rocas* vino por parte de las monjas de la capilla de la Immacolata de la iglesia de San Francesco Grande de Milán. Fue, en realidad, un encargo de los monjes de esa organización. Una de las versiones de *La Virgen de las Rocas* se encuentra en el Louvre y es la que está considerada en su totalidad como obra de Leonardo. Los expertos no están tan seguros de que la otra versión, que se encuentra en la National Gallery de Londres, fuese sólo pintada por él. Su aspecto más «plástico» ha llevado a la teoría de que fue un trabajo de colaboración. La pintura representa no sólo la Inmaculada Concepción, sino que además, refleja el hecho de que las leyendas relacionadas con San Juan Bautista eran populares en la Florencia de la época. En el cuadro aparece el primer encuentro entre el Niño Jesús y

Juan Bautista. Ambos niños intentan escapar de la infame masacre de los Inocentes llevada a cabo por Herodes y Juan Bautista está bajo la protección de Uriel, el ángel. De hecho, Leonardo mostró cierta obsesión durante toda su vida por Juan Bautista. En los bocetos originales, Uriel aparece muy femenino, pero en la obra en sí, el ángel tiene un aspecto mucho más andrógino.

La controversia que ha causado esta obra no fue por el «horror» que inspirara su imaginería. Juan Bautista era el mentor de Jesucristo y los Evangelios describen con reverencia el bautismo de Cristo por parte de Juan. Juan el Bautista fue un personaje de suma importancia en la vida de Jesús. Según el autor del tercer evangelio, San Lucas, ambos muchachos eran primos. Como descendiente de Aarón, Juan podía reclamar el título de Sacerdote Mesías. Y como descendiente tanto de Aarón como de David, Jesús podía reclamar los títulos tanto de Sacerdote Mesías como de Mesías Real. Estos dos primos, por lo tanto, representaban la respuesta a las plegarias de los judíos en cuanto a vincular los aspectos temporales y espirituales en la misma familia. Además, esta situación se había producido durante la dinastía Macabea, la última dinastía monárquica de Israel. Esto no debía encajar con el «plan» de la Iglesia Romana de presentar a Jesús como el hijo de Dios. Era difícil que lo fuera si otro humano tenía que ser su maestro.

Juan Bautista fue un profeta que anunció que llegaría una figura real que cumpliría la profecía de derrocar a los invasores romanos de Judea. Estaba considerado por las autoridades romanas como un elemento tan tremendamente peligroso que tuvo que ser ejecutado. Es debatible si la pintura comunica este mensaje con voz alta y clara. Las posiciones de los niños en relación el uno con el otro en la segunda pintura no son notablemente distintas de la de la primera. El principal problema en la composición de la pintura tiene que ver con el hecho de que, en la primera, ninguno de los personajes sagrados lleva halo y éste fue el motivo por el cual los monjes la encontraron inaceptable, exigiendo la posterior realización de otra versión.

Entre las dos pinturas existen otras diferencias, una fuera que, en la segunda pintura, el color azul es mucho más dominante. La mano de Uriel que Dan Brown describe como realizando un movimiento cortante debajo de una mano de María que tiene forma de garra, ya no apunta hacia San Juan en la segunda pintura. En la primera pintura, esto podría haberse relacionado con una profecía de la futura decapitación de Juan.

Leonardo había recibido el encargo para ejecutar la obra el 25 de abril de 1483. Tenía impuesta una fecha de entrega muy breve, pues se trataba de entregarla por la festividad de la Inmaculada Concepción, el 8 de diciembre. Leonardo no cumplió con la fecha comprometida y tuvo que sufrir dos interminables juicios. Es posible que Leonardo regalara la copia que hoy en día se encuentra en el Louvre al rey de Francia, Luis XII, como muestra de gratitud por solucionarle los problemas legales que surgieron. Esto habría requerido la realización de una segunda copia. Los monjes habían estipulado exactamente lo que querían ver en la pintura:

> *Ítem, nuestra Señora en el centro: su manto deberá estar bordado en oro y ser de color azul ultramarino. Ítem, su falda será bordada en oro sobre carmesí, al óleo, barnizada con una suave laca [...]. Ítem, Dios Padre: su vestido será bordado en oro y azul ultramarino. Ítem, los ángeles serán dorados y sus vestidos plisados subrayados al óleo, a la manera griega. Ítem, las montañas y las rocas se trabajarán al óleo, con rico colorido [...].*

Pero a esto se le aplicaron diversos cambios. Sabemos ahora que la pintura quedó finalmente expuesta el 18 de agosto de 1508 y que el pago final se realizó el octubre del mismo año.

La Mona Lisa

Esta obra, que debe ser la más fácilmente reconocible del mundo, fue conservada en la Salle des Etats (la Sala de los Estados) del ala Denon del Louvre hasta 2003. Fue entonces trasladada a una sala mejor para acomodar las enormes cantidades de público que deseaban verla. Se dice que Leonardo tardó diez años en pintar tan sólo los labios. Es el único de sus retratos que es indiscutiblemente suyo, a pesar de no estar ni firmado ni fechado. Tiene, además, más de un nombre. Los franceses la denominan *La Joconde* y los italianos *La Gioconda,* entendiendo por ello «una mujer alegre». Pudo muy bien ser la obra favorita de Leonardo y ese podría ser el motivo por el que siempre lo acompañó en sus desplazamientos, como dice Dan Brown. Otro motivo, sin embargo, podría ser que estaba inacabada.

Fue pintada al óleo sobre madera de álamo y comprada originariamente por el rey de Francia por cuatro mil ducados. Fue transferida al Louvre después de la Revolución Francesa. Napoleón la utilizó para decorar su dormitorio hasta que fue expulsado de Francia, momento en el que regresó al Louvre. Originariamente era mucho mayor. Los dos paneles que poseía de origen, mostraban dos pilares que revelaban que Mona Lisa estaba sentada en una terraza.

La idea de Dan Brown de que *Mona Lisa* es el anagrama de «AMON L'ISA», generando con ello una unión de lo femenino con lo masculino, resulta intrigante. Sin embargo, también podría ser un anagrama de «sol (y) ánima». Es decir, «sol y alma», y podría referirse a una de las principales religiones de la Roma de Constantino el Grande, *Sol Invictus* («El Sol Invencible»), de la que provienen muchas tradiciones cristianas. La identidad de la *Mona Lisa* tiene varios candidatos. Dan Brown sugiere que podría ser cierto que se tratase del mismo Leonardo travestido. Los exámenes realizados mediante ordenador han revelado un vínculo muy próximo entre las facciones de la *Mona Lisa* y un autorretrato de Leonardo. Sin embargo, la creencia más extendida es que la pintura fue encargada como retrato de Madonna Lisa, la esposa de Francesco di Bartolomeo del Giocondo.

El motivo de la sonrisa se presenta igual de enigmático. Un médico italiano ha sugerido que la representada era víctima de una enfermedad denominada «brujismo» que produce un rechinar de los dientes mientras se duerme o en situaciones de estrés. Se sabe que Leonardo distraía a sus modelos de la mejor manera posible, de modo que el estrés debería ser mínimo. Utilizaba seis músicos y estaba siempre acompañado por un gato persa de color blanco y un galgo. El estilo de la sonrisa que presenta fue empleado en la época tanto por Leonardo como por otros artistas, incluyendo entre ellos al maestro con quien trabajó como aprendiz, Andrea del Verrocchio.

Hay quien considera este retrato como «aburrido», pero debemos tener en cuenta que en esa obra, Leonardo estaba explorando un nuevo territorio estilístico. Una de las cosas que diferencia la *Mona Lisa* de otros retratos de la época es que no lleva joyas. Leonardo rompió también con las convenciones de la época al mostrarla tremendamente relajada y alejada de la pose tradicionalmente rígida y formal.

El estilo *sfumato* de pintura (que el personaje de Sophie describía como «nebuloso» en *El Código Da Vinci*), en el que todo aparece como sumido en la neblina, es una de las principales características de la obra pictórica de Leonardo. Era su manera de expresar la «naturaleza experimentada». Dan Brown destaca que la línea del horizonte del paisaje de la pintura es irregular y que el lado de la izquierda queda más bajo que el de la derecha. Según algunos, ésta era la forma que Leonardo utilizaba para subrayar la mitad femenina y oscura de la existencia. En el lado derecho del retrato aparece un estanque de agua, mayor que el riachuelo que corre por la izquierda. Por lo que sabemos, detrás de la cabeza de Mona Lisa podría haber una cascada, que vertería el agua del estanque hacia el riachuelo. Es probable que estemos en lo cierto si en ello no leemos simplemente más que eso.

El cuadro fue robado del Louvre en 1911, tal y como informa Dan Brown. El ladrón fue un italiano que se lo llevó a Italia. Las autoridades tardaron veinticuatro horas en percatarse del robo y supusieron que el autor había sido el fotógrafo oficial del museo. Tardaron entonces una semana en registrar todo el Louvre, y lo único que encontraron fue el marco en una escalera. Dos años después, el ladrón, Vincenzo Perugia, ofreció el cuadro a la Galería de los Uffizi a cambio de cien mil dólares, y allí quedó exhibido antes de su regreso a París.

Para poder robar el cuadro, Perugia se había encerrado en una pequeña habitación del Louvre a la espera de que el museo cerrara. Después se encaminó a la sala donde estaba expuesta la *Mona Lisa*, descolgó el cuadro de la pared y lo desenmarcó. Para poder salir del museo tuvo que destornillar el paño de una puerta que estaba cerrada con llave. Perugia había trabajado anteriormente en el Louvre dedicándose a proteger las pinturas con cristal y, por lo tanto, conocía bien la disposición del museo.

En 1956, un visitante con incapacidad mental, lanzó ácido a la obra y se tardó varios años en restaurarla. La última vez que el cuadro abandonó el museo fue en 1974, para ser exhibido en Japón. Como prueba de su gratitud, los japoneses regalaron al Louvre el grueso cristal tríplex que actualmente cubre tanto la pintura como la protege. Se ha decidido que, debido al enorme riesgo que supone, la obra jamás volverá a abandonar el museo. Se mantiene a una temperatura constante de veinte grados centígrados y a un nivel de humedad del cincuenta y cinco por ciento. El cuadro lleva ahora incorporado un equipo de aire acondicionado, y tres kilos de gel de silicio garantizan que las condiciones atmosféricas no se alteren nunca. La caja se abre una vez al año para verificar la pintura y el sistema de aire acondicionado. Nadie se ha atrevido a limpiarla por miedo a estropearla, y se supone que los colores debajo de la suciedad deben ser mucho más brillantes de lo que vemos actualmente.

La Última Cena

El duque Ludovico encargó a Leonardo pintar *La Última Cena* en la pared del refectorio de su capilla familiar y mausoleo, la iglesia de Santa Maria delle Grazie en Milán. La obra mide nueve metros de longitud por cuatro metros y veinte centímetros de altura y fue finalizada en 1498, después de tres años de trabajo. Rompiendo con las convenciones, Leonardo sienta a todos los apóstoles en el mismo lado de la mesa, en grupos de tres, confiriéndoles el aspecto de pequeños grupos de opinión. Todos los personajes parecen de mayor tamaño de lo que en realidad son, ya que la mesa resulta demasiado pequeña como para acomodarlos a todos adecuadamente. Cristo se convierte en el punto central gracias a las tres ventanas que quedan a sus espaldas, la mayor de las cuales enmarca la parte superior de su cabeza y su cuerpo. Aparece en un estado de calma absoluta, mientras que los apóstoles se muestran claramente agitados.

El mayor problema de Leonardo fue encontrar a una persona con una cara adecuada para representar a Judas. Parece ser que tardó cerca de un año en encontrar un rostro de la maldad requerida. Como último recurso dijo que utilizaría la cara del prior de Santa Maria delle Grazie como modelo: «Hasta ahora lo he conservado sólo para que ridiculizara su propio monasterio». Leonardo nunca pidió permiso a la gente para utilizar sus rostros en las pinturas, auque tampoco fueron los retratados conscientes de ello. Judas es la única figura representada que no se inclina hacia Cristo, y su mano queda suspendida sobre un plato, ilustrando las palabras de Cristo en los Evangelios: «El que sumerja las manos conmigo en el plato, será el que me traicione.»

La obra fue extremadamente popular desde el principio. El rey de Francia se mostró tan entusiasmado con ella que propuso arrancar la pared entera y llevársela a Francia, pero el problema logístico era enorme y permaneció siempre en el mismo lugar donde fue pintada.

Tristemente, hoy en día, su estado es lamentable. Parte de ello se debe a que las pinturas utilizadas no eran las adecuadas para pintar al fresco. Se deterioraron muy rápidamente y, además, en 1662 se abrió una puerta en el centro de la pintura. Los efectos de tal desastre son todavía visibles.

En 1796 las tropas napoleónicas ocuparon el refectorio a modo de establo y a pesar de que Napoleón prohibió realizar cualquier daño a la pintura, los soldados arrojaron barro contra las figuras de los apóstoles. Posteriormente, el habitáculo fue utilizado como almacén de heno y, sólo para demostrar que siempre puede haber algo peor, una inundación en 1800 hizo que la pintura quedara cubierta por un moho de color verdoso.

Sin embargo, fuerte hasta el final, la pintura siguió adelante y sobrevivió en 1943 a un ataque aliado contra la iglesia que destruyó el tejado del refectorio. A pesar de que la pintura se protegió previamente con sacos de arena, fue inevitable que resultara gravemente dañada. En 1954 fue llevada a cabo una restauración total hasta el mínimo detalle. En la actualidad, apenas queda nada de la pintura original y ha sido imposible recrear la expresión original de los rostros de los apóstoles, aunque los perfiles de las figuras quedaron visibles con la restauración.

A pesar de la devastación continuada que ha sufrido a lo largo de los siglos, parece ser que la persona que aparece a la derecha de Cristo es una mujer. Como dijo Dan Brown en su entrevista con Elizabeth Vargas en el programa de ABC News, *Primetime Monday*:

> *Las pinturas son simbólicas por naturaleza. La idea de la «V» en la pintura, de que la «V» sea un símbolo, es muy anterior a Leonardo da Vinci, el símbolo de lo femenino. El símbolo aquí es esencialmente el útero, en su sentido más estricto y alegórico.*

Además de formar este símbolo «V», las imágenes vistas como en un espejo de la Magdalena y Cristo podrían formar también la letra «M» de «Magdalena». Esto se ve con mayor claridad en la copia de la pintura realizada por un artista desconocido del siglo XVI y que se conserva en el Museo da Vinci de Tongerlo, en Bélgica. Sin embargo, Bruce Bucher se muestra en desacuerdo en su artículo «¿Rompe *El Código Da Vinci* a Leonardo?» (*New York Times*, 3 de agosto de 2003). Destaca que en otras representaciones florentinas contemporáneas de *La Última Cena*, no sólo se subraya más la traición que la Eucaristía y el Cáliz, sino que además «San Juan aparece invariablemente representado como un hombre joven y bello cuya especial afinidad con Jesús se expresa sentándose a su derecha».

La Adoración de los Magos

En 1480 Leonardo recibió el encargo de realizar este trabajo para el monasterio de San Donato en Scopeto, cerca de Florencia. Leonardo tenía que ser pagado mediante un complicado acuerdo que implicaba una cesión de tierras y en el cual había una cláusula de penalización que estipulaba que lo perdería todo en el caso de no entregar su trabajo a tiempo. Como siempre sucedió con sus encargos, Leonardo fue incapaz de entregar a tiempo.

El cuadro representa a los tres Magos visitando a Jesús recién nacido y a su madre María. Entre la inmensa multitud compuesta por sesenta y seis personas y once animales, destaca un joven pastor, de pie, en el extremo derecho de la pintura, que se supone un retrato del joven Leonardo. Las ruinas del fondo representan la caída del paganismo. Este simbolismo es típico de la época. Sin embargo, un examen más detallado de la pintura mediante la utilización de rayos infrarrojos descubrió la presencia de tres figuras construyendo una escalera que representa, según algunos, el Renacimiento.

Como el cuadro quedó inacabado, fue posible ver los bocetos debajo de la pintura de ocre y revelar con ello la manera de trabajar de Leonardo. *La Adoración* había estado siempre considerada como una de las pinturas italianas más importantes hasta que llegó Mauricio Seracini. Se trata de un eminente crítico que ha dedicado casi treinta años de su vida al examen detallado de obras de arte. La Galería de los Uffizi le solicitó que valorara el estado de fragilidad de *La Adoración de los Magos* antes de emprender su restauración. Entonces, el 21 de abril de 2002, anunció, ante el asombro de todo el mundo y a través de la periodista del *New York Times,* Melinda Hennerberger, que los resultados de sus exhaustivas pruebas revelaban que «Nada de la pintura que vemos hoy en día en *La Adoración* fue puesto allí por Leonardo. Dios sabrá quién lo hizo, pero no fue Leonardo. El tipo que lo hizo ni siquiera era buen artista». Algunos pensaron que simplemente trataba de causar sensación. Como escribe Dan Brown en *El Código Da Vinci,* Seracini mantiene que las líneas de color gris verdoso sí fueron dibujadas por Leonardo, y que resulta muy indignante que Leonardo pudiera en algún momento ser considerado el responsable de algunas de las líneas trazadas en marrón. Destacaba que el pie derecho de la Madonna, por ejemplo, tenía los dedos y el talón puntiagudos, que los piececitos del bebé parecen esculpidos en madera y que el cabello del niño parece como un «tupé para bebé». Seracini piensa que el transcurso de los siglos ha insultado a Leonardo, un gran conocedor de la anatomía, considerando esta obra como suya en su totalidad.

Su teoría se ha visto respaldada por uno de los principales eruditos sobre la figura de Leonardo, Carlo Pedretti de la University of California en Los Ángeles. Conoce a Seracini desde hace treinta años y dice que no hay duda que los resultados de sus recientes pruebas son correctos. «Por lo que me ha enseñado», dice Pedretti, «es evidente que el boceto original de Leonardo fue cubierto por el trabajo de un artista anónimo».

El Sudario de Turín

Una de las teorías más fascinantes en torno a Leonardo es la relacionada con el *Sudario de Turín*, supuesta imagen de Cristo impresa en el sudario que lo cubrió después de su muerte. Resulta extraño que Leonardo nunca pintara la Crucifixión, uno de los temas artísticos más destacados de la época, y hay quien cree que el Sudario de Turín fue creado por él como su interpretación idiosincrásica del hecho. En 1978, y durante un único período de cinco días y cinco noches, la Iglesia católica permitió a los científicos el acceso al Sudario para su exhaustiva investigación. La tela fue sometida a la datación con carbono-14 y se descubrió, con un noventa y cinco por ciento de probabilidades, que estaba fechada entre 1260 y 1390. La Iglesia, seguramente muy incómoda, se vio obligada a realizar el anuncio el 13 de octubre de 1988. Uno de los argumentos que se oponen a que Leonardo fuera su creador es que estamos hablando de una época bastante anterior a la fecha de su nacimiento, 1452. Sin embargo, en tiempos de Leonardo las telas tan antiguas estaban disponibles sin problemas y ésta podría haber sido llevada a Europa con las Cruzadas. Es posible que Leonardo utilizara este material si lo que pretendía era convencer a la gente que se trataba del sudario de Cristo. Resulta imposible afirmar cuándo se plasmó la imagen en la tela, ya que la datación con carbono no revela este dato.

El rostro que aparece en el Sudario resulta parecido al de Leonardo en su autorretrato. Como hemos comentado previamente, Leonardo parece ser también el modelo de la Mona Lisa. De un modo similar a Alfred Hitchcock, parecía pasárselo bien haciendo cameos en sus propios trabajos. No cabe duda de que poseía las habilidades suficientes tanto para producir una obra como el Sudario de Turín como para ocultar cómo la realizó.

Durante quinientos años, el Sudario de Turín perteneció a la familia real italiana, los Saboya. El heredero de la familia lo donó a la Iglesia católica en 1983. Es en el palacio de los Saboya en Turín donde se encuentra además el único autorretrato conocido de Leonardo. Es probable que el Sudario fuera un encargo del duque de Saboya o del Papa, o posiblemente, de ambos en connivencia. La teoría es que deseaban un sustituto para el existente Sudario de Lirey. El Sudario de Lirey se exhibió por vez primera en 1389 y fue denunciado como falso por el obispo de Troyes, quien dijo de él que había sido «falsamente pintado y que el artista que lo pintó era testigo de la verdad». Evidentemente, no podemos decir lo mismo del Sudario de Turín, del que hasta la fecha no podemos adivinar su autor. Sabemos que Leonardo experimentaba constantemente con nuevas técnicas de pintura. Por ejemplo, un examen con rayos X de su cuadro *San Juan Bautista*, revela la ausencia de pinceladas y parece ser que fue pintado como una veladura. Ningún pintor ha conseguido replicar esta técnica.

En 1976, se sometió una fotografía del *Sudario* al examen de un Analizador de Imágenes V-8 y se descubrió en él la existencia codificada de información tridimensional. Reveló un relieve perfecto de una forma humana que habría sido imposible crear a través de la pintura. De hecho, la modificación de las fibras que genera la imagen sugiere que allí ha tenido lugar algún tipo de proceso de quemado. Esto podría haberse conseguido a través de un bajorrelieve hecho en un horno, y luego quemando la imagen sobre la tela. En la Edad Media era bastante común realizar bajorrelieves de los fallecidos y colocarlos sobre las tumbas. Leonardo sabría cómo hacerlo y, además, había recibido formación en el terreno de la escultura.

Existe también un argumento convincente que afirma que el *Sudario* fue creado con la utilización de una cámara oscura, que no es más que una caja oscura con una lente convexa o una abertura. En una pantalla situada en el interior de la caja se proyecta la imagen de un objeto externo. Leonardo hizo dibujos de cámaras de este tipo. Conocía bien los elementos químicos, como el nitrato de plata, que serían necesarios para conseguirlo y, además, había estudiado óptica. Esta teoría explicaría también por qué la parte posterior del cuerpo del *Sudario* es más alta que la parte delantera. Para que se produzca esta diferencia de tamaño basta con que exista una mínima diferencia en la distancia entre el individuo y la cámara.

Todo este asunto, junto con el hecho de que generaciones de peregrinos han venerado el *Sudario* como la imagen de Cristo, sin saber que posiblemente se trataba de la propia imagen de Leonardo, le habría divertido de gran manera. El *Sudario* es quizás el mayor enigma que hemos heredado de él.

Leonardo mantuvo una relación muy íntima con el rey Francisco I, hasta el punto de que existe un cuadro que representa a Leonardo muriendo en sus brazos. Francisco era un Saboya que se casó con una integrante de la familia Medici y, por lo tanto, Leonardo se encontraba lo mejor conectado que podía esperarse. Leonardo tenía que ser la elección evidente como responsable de la creación de una obra como el *Sudario de Turín*. A ello debía sumarse la ventaja que proporcionaba la actitud poco convencional de Leonardo respecto a la religión. No habría tenido en ningún momento miedo a sufrir la condena eterna por cometer un acto tan blasfemo. Como científico y como hombre de ambigua sexualidad, estaba mucho más allá de la redención bajo el punto de vista de la Iglesia católica. No veía motivo por el que no se pudiera trabajar los domingos. Jamás hizo mención de Dios en las trece mil páginas de notas que escribió. En particular, despreciaba el floreciente comercio de reliquias con el que los mercaderes amasaban fortunas vendiendo objetos supuestamente sagrados a los bobos. Era carismático, atractivo, divertido y popular. Dentro de su repertorio humorístico se incluía lo que él denominaba como «Sustos para Papas». Un ejemplo de ello fue cuando en una ocasión le contó al Papa, probablemente León X, Giovanni de Medici, que tenía un dragón encerrado en una cajita. Cuando consiguió conducir al Papa a un nivel lo bastante elevado de terror, abrió la caja y de ella saltó un pequeño lagarto pintado de plata, con unas alas pegadas en la espalda. En resumen, la broma del *Sudario de Turín* habría atraído sin duda su profundo amor hacia la diversión y lo sacrílego.

Además, las uñas que aparecen en las manos del Sudario están exactamente posicionadas donde deberían estar si verdaderamente se tratara de representar a una persona que ha sido crucificada. Suponiendo que el *Sudario* sea una farsa, su creador habría tenido un conocimiento exacto del proceso de crucifixión. Es probable que Leonardo crucificara algunos de los cadáveres que tenía a su disposición y existen pruebas de que estudió el proceso.

2

El Priorato de Sión, sus Grandes Maestres y los Plantard

> *En* El Código Da Vinci, *Robert Langdon interpreta las iniciales «P.S.», grabadas en la llave de la caja de seguridad de Sophie Neveu, como indicativo del Priorato de Sión. Esta abreviatura aparece también en uno de los documentos que Bérenger Saunière, del que hablaremos en el capítulo cuatro, encontró en el interior de la iglesia de Rennes-le-Château y aparecía en la tumba de Marie de Blanchefort que en su día estuvo en el cementerio de dicha iglesia.*

El tema del Priorato de Sión es la corriente de fondo básica que recorre la trama de *El Código Da Vinci*. Aunque desconocedora de su existencia hasta que trata con Langdon, toda la vida de Sophie ha estado dominada por ello. Esto la coloca exactamente en la misma situación en la que se encuentran muchos lectores que, educados en el cristianismo, nunca han sido conscientes de las verdaderas fuerzas históricas que trabajan detrás de la cristiandad. Ann Evans, la investigadora cuyos servicios contrataron Michael Baigent, Richard Leigh y Henry Lincoln mientras escribían su libro sobre el Priorato, *El legado mesiánico*, poseía treinta y cinco años de experiencia en el tema y afirmaba no haberse tropezado nunca antes con tantos obstáculos y contradicciones como mientras realizaba esa investigación. La incertidumbre de las llamadas «pruebas» genera una atmósfera nebulosa que convierte al Priorato en un asunto de lo más intrigante. Y la verdad que se conoce es definitivamente oscura.

Desde el principio

La mayoría de las «pruebas» de la existencia del Priorato han sido depositadas en la Bibliothèque Nationale de París, la cual, dicen muchos investigadores, ha dificultado bastante la obtención de los documentos relevantes. Estas afirmaciones indican que, al menos, algunos de los administradores de la biblioteca nacional francesa están en supuesta connivencia con el Priorato de Sión, y que, desde la década de 1950, han disfrutado dejando allí bocados engañosos de información para que los investigadores tropezaran con ellos.

Dos documentos fueron de particular interés para Baigent, Leigh y Lincoln cuando escribieron, en 1982, su impactante libro *Sangre Santa, Santo Grial*, sobre el linaje Merovingio. El primero son los enigmáticos *Dossiers Secrets*, un conjunto de documentos aparentemente sin conexión alguna que periódicamente fueron misteriosamente unidos y desunidos. El segundo es una obra conocida como *Le Serpent Rouge* (La serpiente roja), escrita tal vez por Jean Cocteau, ya que se hace eco de su estilo. Contiene una genealogía de los merovingios, un plano de la planta de la iglesia de Saint-Sulpice de París y trece poemas relacionados con los signos del zodíaco (incluyendo un decimotercero signo entre Escorpión y Sagitario: Ophiuchus, («El portador de la serpiente»). Los autores atribuidos a ambos documentos (cuatro hombres en total) han muerto en misteriosas circunstancias.

Se dice que el Priorato de Sión, o «Prieuré de Sion» como se conoce en francés, tiene sus raíces hacia el año 46 a.C., en una sociedad Hereje o Gnóstica liderada por un sabio egipcio llamado Ormus. «Ormus» es también el subtítulo que el Priorato de Sión adaptó en 1188 cuando cambió su nombre y abandonó el de «Orden de Sión». En aquella época se denominaban también «Ordre de la Rose-Croix Veritas» («Orden de la Verdadera Rosacruz»), indicando que el Priorato de Sión pudo en realidad, ser la original orden de los rosacruces.

No fue hasta la Edad Media que los historiadores conocieron una organización relacionada con Sión. La abadía de Orval, en Stenay (en su día, «Satanicum»), localizada en las Ardenas del norte de Francia, fue fundada por un grupo de monjes calabreses italianos en 1070, liderados por el merovingio «príncipe Urdus» (de quien los rumores afirman que era el bisnieto de Dagoberto II, Sigisberto VI). Estos monjes formaron la base de la Orden de Sión, en la que acabaron integrándose junto con la Orden Templaria de Godofredo de Bouillon en 1099, el año que conquistó Jerusalén. Godofredo de Bouillon no era tan sólo duque de Lorena, como descendiente de Dagoberto II, era merovingio y rey con todos sus derechos (véase capítulo 3 para una discusión completa). Stenay fue una de las dos ciudades capitales de los merovingios. Allí, en el cercano y sagrado Bosque de Woëvres, el rey Dagoberto II fue asesinado durante una cacería el 23 de diciembre de 679, como afirma Dan Brown, de una puñalada en el ojo mientras dormía bajo un árbol. Se cree que su nieto lo asesinó siguiendo órdenes de Pipino el Gordo, el renegado mayordomo del palacio de Dagoberto.

Parece ser que el objetivo del Priorato de Sión ha sido siempre la restauración en los tronos de Europa de la dinastía y el linaje Merovingio, que perdió su descendencia después del asesinato de Dagoberto. A través de diversos pactos políticos y matrimonios, el linaje acabó incluyendo diversos nobles y casas reales, como las familias Blanchefort, Gisors, Saint-Clair, Montesquieu, Montpézat, Poher, Luisignan, Plantard y Habsburgo-Lorena. Los datos de la época confirman que los cuarteles generales de la orden se encontraban en la abadía de Nôtre Dame du Mont de Sion, en el sur de Jerusalén. Se trataba de un edificio bien fortificado y construido sobre las ruinas de una basílica bizantina. Según un artículo publicado en 1990 en la revista *Biblical Archaeology*, Mt. Sion debió ser el cuartel general de los ebonitas de Jerusalén. Estos seguidores de Jesús consideraban a su hermano Santiago, y no al apóstol Pablo, como el líder de la iglesia cristiana.

Lo que quizá no es tan seguro es la afirmación de que el Priorato de Sión, como Langdon apunta, «tiene un historial bien documentado de veneración del femenino sagrado» y que venera a María Magdalena, a quien suponen la esposa de Cristo, como personificación de ese principio femenino. Según escribe Tracy Twyman de la revista *Dagobert's Revenge*:

> *María Magdalena está considerada por muchos buscadores del Grial como una especie de heroína feminista y afirman que fue «borrada de la Biblia» porque su femineidad suponía una amenaza para la Iglesia. Pero ni Magdalena ni los padres de la Iglesia pensaban en ese idioma, ni siquiera habrían concebido tal concepto. Magdalena era una amenaza para la Iglesia no porque fuese una mujer, sino por que era la madre de los hijos de Cristo, de los herederos de su linaje real y sacerdotal. Por todos sus derechos, deberían haber sido los herederos no sólo de la iglesia de Cristo, sino además de su trono real en Jerusalén (que en los ojos de algunos debería tener también hegemonía sobre el mundo entero). Ambas afirmaciones eran una amenaza para la Iglesia, que no sólo deseaba liderar el mundo espiritualmente, sino también secularmente, ya que la Iglesia proclamaba que tenía el derecho de crear reyes, independientemente de su linaje.*

Godofredo de Bouillon sabía perfectamente que era miembro de la familia Grial y, por lo tanto, un merovingio y *de facto*, rey de Jerusalén que podía remontar sus orígenes a la estirpe Davídica. Fundó los Templarios después de conquistar Jerusalén. Aunque había tres ejércitos cristianos más destinados a Palestina, Godofredo sabía de algún modo que sería él el elegido para ser el rey de Jerusalén. Al fin y al cabo, lo había vendido todo antes de abandonar su país y había dejado claro que su intención era permanecer en Jerusalén para el resto de sus días. Sin embargo, rechazó el título de «rey» y aceptó solamente el de «Defensor del Santo Sepulcro». Baigent, Leigh y Lincoln apuntan la idea de que el anteriormente mencionado grupo de monjes calabreses, que desapareció sin más explicaciones de Orval, es el mismo grupo de asesores no militares que se sabe acompañaron a Godofredo a Jerusalén. Sugieren asimismo, que fue este mismo grupo de gente quien seleccionó al rey de Jerusalén.

La Orden de Sión debió tener su base en la abadía de Nôtre Dame du Mont Sion desde la fundación pública de los Templarios en 1118 hasta 1152. Los Templarios fueron reconocidos como orden religioso-militar en 1127 en Troyes por la corte del conde de Champagne, y Hugues de Payen fue el elegido como Gran Maestre.

Cuando Luis VII de Francia regresó de la segunda cruzada lo hizo acompañado por noventa y cinco miembros de la Orden. Siete de ellos entraron en el ejército militar de los Caballeros Templarios y el resto restableció su conexión francesa en Orleáns. Los documentos mediante los que Luis VII estableció la Orden en Francia existen todavía.

En 1131, la abadía de Orval pasó a albergar a la Orden cisterciense. Esta Orden se había visto gravemente empobrecida en el pasado, pero sus circunstancias mejoraron junto con las de los Templarios. Ambas adquirieron enormes riquezas y tierras.

El nombre de la Orden de Sión aparece en documentos a partir del 19 de julio de 1116. Con fecha de 1178 se encontró una carta, con el sello del Papa Alejandro III, confirmando las posesiones de la Orden no sólo en Tierra Santa, sino también en la Europa Continental.

En 1956, la Universidad de Manchester descifró el *Rollo de Cobre*. Dicho manuscrito revelaba que bajo el Templo de Salomón fue enterrada el Arca de la Alianza y un enorme tesoro en joyas y piezas de oro. En 1979, Pierre Plantard de Saint-Clair, el último supuesto Gran Maestre conocido del Priorato de Sión, explicó a Baigent, Leigh y Lincoln que el Priorato de Sión era el poseedor del tesoro del Templo de Jerusalén, que fue saqueado por los romanos durante la revuelta del año 66 d.C. La escena está descrita en el Arco de Tito en Roma. Cuando los visigodos saquearon posteriormente Roma, es posible que el tesoro fuera llevado al sur de Francia, cerca de Rennes-le-Château. Plantard siguió afirmando que el «tesoro» sería retornado a Israel cuando «sea el momento adecuado». No especificó si se trata de un tesoro en el sentido tradicional de la palabra, o de un conjunto de documentos, o (como sugiere Dan Brown) de un mapa que indicaría el escondite del Santo Grial.

Existe también una leyenda que afirma que los «herejes» Cátaros estaban en posesión del mencionado tesoro. Los Cátaros (o «Albigenses») estuvieron acuartelados en la zona del Languedoc, en lo que hoy es el sur de Francia, donde se encuentra Rennes-le-Château. En 1209 fueron sometidos a una masacre, cuya escala ascendió a la de una limpieza étnica a manos de treinta mil soldados. El Languedoc fue un gran centro cultural de la época a expensas del catolicismo romano. Fue la actitud informal de los Cátaros con respecto a la religión en general, y su falta de respeto hacia el catolicismo romano en particular, el mayor responsable del odio que inspiraron entre las autoridades eclesiásticas. Entre las muchas «transgresiones» de las que fueron acusados, está la creencia de que practicaban el control de la natalidad y el aborto. El tesoro que se dice conservaban iría más allá del «simple» oro y podría haber incluido el mismo cáliz del Grial o unos conocimientos que aportarían riquezas inimaginables.

El ascenso y la caída de los Caballeros Templarios

La razón de la existencia de los Templarios fue ostensiblemente proteger los caminos que llevaban a Jerusalén para cuidar de los peregrinos que allí viajaban. Sin embargo, como Robert Langdon explica a Sophie en *El Código Da Vinci*, su verdadera misión era lo que se escondía debajo de los cimientos del Templo de Salomón que, no por casualidad, era donde estaban instalados los cuarteles generales de los Templarios en Jerusalén.

Los Templarios fueron los héroes de su época. Los hijos de las familias nobles se unían a ellos en manadas. Se convirtieron en asesores políticos de alto nivel para los monarcas, y todo el mundo quería gozar de su gloria. Sus donaciones eran tremendamente generosas, al tiempo que se convertían en banqueros o prestamistas de la realeza, y su influencia creció de gran manera. Tenían puertos de su propiedad y fundaron hospitales. Su flota fue la primera que utilizó una brújula magnética. Irónicamente, todos los miembros tenían que entregar sus posesiones a la orden y aceptar un voto de pobreza y castidad. Tenían que cortarse el pelo, pero no se les permitía cortarse la barba. No tenían permitida la retirada en el campo de batalla y estaban obligados a luchar hasta la muerte. El Papa Inocencio II publicó en 1139 una Bula papal que los declaraba completamente independientes de cualquier autoridad y de cualquier ley que no fuera la suya.

Fueron los Templarios quienes fundaron el primer sistema de banca internacional. En esa época, construyeron las catedrales góticas más gráciles y elegantes de Europa como Nôtre Dame de París. La palabra «gótico», de hecho, no tiene relación alguna con los godos, sino que deriva del griego *goetic*, que significa «acción mágica». Ello refleja la geometría sagrada que los picapedreros templarios (masones) utilizaron para construir estas catedrales.

En 1306, la riqueza de los Caballeros Templarios había crecido hasta tal punto que el rey de Francia, Felipe IV (conocido también como Felipe el Justo), empezó a ponerse nervioso de verdad. Les debía una gran cantidad de dinero y era consciente de que su influencia, bajo cualquier punto de vista, era superior a la suya. A través de un edicto del Vaticano le fue restringida la posibilidad de grabar con impuestos al clero. Pero eso no fue suficiente para derrotar a Felipe e hizo capturar y asesinar al Papa, Bonifacio VIII. El siguiente Papa, Benedicto XI, no corrió mejor suerte: murió poco después en circunstancias sospechosas. Finalmente, el candidato de Felipe, Bertrand el Godo, se convirtió en el Papa Clemente V. Fue entonces cuando Felipe inició sus enfrentamientos con los Caballeros Templarios, condenándolos por cargos de herejía, a los que eran particularmente vulnerables. Los Caballeros Templarios se negaban a compartir la visión del cristianismo respecto a la Crucifixión, y sus actividades en el mundo de los negocios les exigía mezclarse con judíos, gnósticos y musulmanes, además de mantener una relación secreta con el destacado equivalente musulmán de los Templarios, los Hashashin o Asesinos. Se decía también que veneraban un diablo llamado Baphomet, la cabeza de macho cabrío barbudo de la que habla Langdon, que supuestamente hablaba con los Templarios y les otorgaba poderes mágicos.

El plan de Felipe fue llevado a cabo el primer «Viernes, 13»: el viernes 13 de octubre de 1307. Desde entonces, el viernes 13 ha sido considerado como un mal día por la cultura occidental. Felipe había emitido órdenes para todos sus gobernadores en Francia, órdenes que fueron abiertas por sus senescales exactamente en el mismo momento. Todos los Templarios tenían que ser arrestados, sus propiedades tomadas y sus bienes confiscados. Después del encarcelamiento, interrogatorio y tortura, fueron quemados en la pira. Los testigos afirmaron que los Caballeros Templarios eran culpables de una amplia diversidad de crímenes, incluyendo entre ellos nigromancia, homosexualidad, deshonra de la imagen de Cristo y brujería. Sin embargo, a pesar de estas medidas extremas, Felipe no alcanzó su objetivo de hacerse con el tesoro de los Caballeros Templarios.

Quizá el ataque no resultó ser tan sorpresa como se esperaba. Justo antes de la masacre, un nuevo contingente de tropas de los Caballeros Templarios se desplazó del Rosellón, en el reino español de Aragón, a Rennes-le-Château, en el sur de Francia, donde establecieron la resistencia en una montaña llamada Bézu. De todos los Caballeros Templarios, sólo estos escaparon. Podría ser porque el Papa Clemente (conocido como «Bertrand el Godo») era hijo de Ida de Blanchefort, de la misma familia que un antiguo Gran Maestre Templario, Bertrand de Blanchefort. Parece más que probable que estas conexiones familiares salvaran la piel de este contingente Templario el día que tuvo lugar el arresto.

Es del todo probable que el Gran Maestre de los Caballeros Templarios en aquel momento, Jacques de Molay, que estaba también al corriente de lo que se les venía encima, llevara a cabo los preparativos para que el tesoro fuera enviado lejos de Francia. Se dice que la mayoría de los barcos templarios se dirigió a Escocia, pero Felipe no sabía nada de esto. Continuó con su persecución intentando convencer a los demás monarcas europeos para que dieran caza a los Templarios en sus respectivos países. Consiguió que Clemente V, en 1312, declarara fuera de la ley a los Caballeros Templarios. Finalmente, Jacques de Molay fue quemado en la pira en 1314. Como gesto de despedida, rezó en voz alta, bajo la tortura de las llamas, para que sus ejecutores, el Papa Clemente y Felipe, se unieran con él en la muerte en un año y dieran cuenta de sus hechos ante el tribunal de Dios. Parece ser que funcionó. El Papa Clemente murió un mes después y el rey Felipe lo hizo en circunstancias misteriosas antes de un año. Sus muertes posiblemente fueron debidas a un envenenamiento, una costumbre extendida entre los Templarios.

Eduardo II de Inglaterra se encontraba en una posición incómoda. Era el yerno de Felipe, pero no compartía con él su odio obsesivo hacia los Templarios, y no tenía deseos de perseguirlos. Contra sus principios, implementó la Inquisición e hizo arrestar un gran número de Templarios. Sin embargo, las sentencias a las que fueron condenados fueron comparativamente leves y no se vieron sometidos a la persecución continuada que Felipe llevó a cabo en Francia contra los Templarios.

En Escocia, la Bula papal fue ignorada con desdén y los Templarios renacieron. Los reyes escoceses de la época de Robert the Bruce eran Caballeros Templarios por nacimiento, de modo que pocas posibilidades había de que las órdenes de Felipe se obedecieran allí.

«La tala del Olmo»

La Orden del Temple (Caballeros Templarios) y el Priorato de Sión compartían el mismo Gran Maestre y eran dos ramas de la misma organización hasta que se produjo en Gisors, en 1188, lo que se conoce como «la tala del olmo». Esta separación entre las dos órdenes estuvo supuestamente provocada por la llamada «traición» del Gran Maestre Gérard de Ridefort que según los *Dossiers Secrets*, supuso la pérdida de Jerusalén por parte de Europa en manos de los sarracenos.

Existe un relato histórico sobre la «tala del olmo» en Gisors, en 1188, aunque no existe fuente alguna, excepto los «Documentos del Priorato», que conecte este acontecimiento con los Templarios o el Priorato de Sión. Aparentemente, es una más de esas leyendas medievales absurdas de la que se sospecha que esconde una verdad mucho más importante y solemne. Cierto es que en el Champ Sacré (el campo sagrado que así ha sido considerado durante siglos) había un olmo. Se decía que el árbol tenía ochocientos años y que era tan grande que su circunferencia no llegaban a abarcarla ni nueve hombres con las manos unidas. El terreno se utilizaba para los encuentros entre los reyes de Inglaterra y Francia.

Según un relato, hubo un momento en que la situación entre Enrique II de Inglaterra y Felipe II de Francia llegó a un punto de máxima ebullición. En un ejemplo, quizá, de la eterna antipatía que existe entre los ingleses y los franceses, Enrique II y su séquito se resguardaron del sol que azotaba el terreno, dejando a los franceses víctimas del calor abrasador. Incapaces de soportarlo más, y posiblemente humillados por las burlas de los ingleses, los franceses, que eran superiores en número, atacaron a los ingleses, quienes se retiraron a la ciudad de Gisors. En un acto de desafío beligerante, Felipe II hizo talar el árbol y regresó a París malhumorado, diciendo que nunca jamás volvería a jugar el papel de leñador.

Otro relato cuenta que Felipe le dijo a Enrique que pretendía talar el árbol. Enrique se enfadó por ello e hizo colocar aros de hierro en torno al tronco del árbol para reforzarlo. Los franceses atacaron y el hijo de Enrique, Ricardo Corazón de León y sus hombres, protegieron el árbol, pero a costa de muchas pérdidas. Los franceses ganaron y el árbol fue talado.

Ambos relatos son probablemente cuentos alegóricos que indican algo totalmente distinto de lo que parece, pero que no sabemos explicar. Sin embargo, parece ser que fue en este momento cuando se produjo la separación entre la Orden de Sión y los Caballeros Templarios. La Orden siguió consagrada al linaje Merovingio y fue conocida como Priorato de Sión a partir de entonces, mientras que los Caballeros Templarios se aliaron con el linaje real escocés, la casa de Stuart, una ramificación de la casa merovingia. Posteriormente, cuando los Stuart se exiliaron a Francia, se implicaron intensamente con la francmasonería y fundaron lo que se conoce como el «Rito Escocés», que tiene más rangos que otras organizaciones masónicas y promete el conocimiento de misterios que son esencialmente escoceses.

En Orleáns hay depositados documentos que sugieren que hubo miembros del Priorato de Sión que mostraron allí un mal comportamiento, encolerizando tanto al Papa como al rey de Francia, Luis XIV, con diversas prácticas decadentes. En 1619, las autoridades perdieron la paciencia y el Priorato de Sión fue obligado a abandonar las instalaciones que poseían en Saint-Samson, en Orleáns. Parece poco probable que este hecho tuviera gran importancia en la historia general del Priorato de Sión. Lo que sugiere, más bien, es que Orleáns era en aquel tiempo un lugar de escasa relevancia y que la actividad principal del Priorato se llevaba a cabo en otra parte.

Una de las cuestiones que a su vez molestó al Priorato de Sión con respecto a Luis XIV, fue su decisión de otorgar a Francia un nuevo Meridiano nacional, según los cálculos del astrónomo Cassini, que pasaba por el Observatorio de París. Dan Brown menciona que la «Línea Rosa» (supuestamente el meridiano original) pasa por la iglesia de Saint-Sulpice. *Le Serpent Rouge*, y otros «documentos del Priorato» mantienen que este meridiano más antiguo recorría en su eje de norte a sur diversas iglesias herméticas francesas, incluyendo Saint-Sulpice en París, la catedral de la Dama de las Rosas en Rodez, San Vicente en Carcasona y la iglesia de San Esteban en Bourges. Es importante destacar que también pasaba por Rennes-le-Château, cuyo nombre proviene de Rhédae, el nombre de una de las tribus celtas que consideraban sagrada la Línea Rosa. Luis XIV sustituyó el romanticismo y el significado religioso por una línea mundana con la intención de facilitar la vida comercial.[1]

La conexión Nostradamus

En el siglo XVI, las familias Lorena y Guise llevaron a cabo repetidos intentos de usurpar el trono francés, que estaba en ese momento en manos de la familia Valois. Sus esfuerzos estuvieron coordinados por el Priorato de Sión. François Guise estuvo a punto de conseguirlo en 1563, cuando fue asesinado. Esto no los amedrentó, sin embargo, y a finales del siglo, la familia Valois desapareció. La familia Guise sufrió también de forma considerable por las luchas y no fue capaz de hacer realidad sus ambiciones.

---

1. Se ha destacado también que el meridiano de Washington D.C. fue también trasladado cuando Greenwich, en Inglaterra, se convirtió en el Meridiano Internacional. Capital Street es actualmente el meridiano de Washington, en su eje norte-sur. Hasta el momento de ser cambiado, la línea del «meridiano cero» estaba situada en la calle 16, donde se encuentra un templo del Rito Escocés y otras iglesias y monumentos esotéricos.

Uno de los que se sospecha que ayudó a las casas Guise y Lorena es Nostradamus. Siendo astrónomo de la corte francesa, posicionado idealmente para asesorar a las dos familias en los asuntos de estado que los implicaran, pudo haber actuado como espía en su nombre. Se piensa también que los escritos de Nostradamus no son las profecías que normalmente se cree que son, sino códigos de diversos tipos que revelan los planes secretos del Priorato de Sión.

Algunas de las «profecías» de Nostradamus no se referían al futuro, sino al pasado y al presente contemporáneo y, concretamente, a los merovingios y a los Caballeros Templarios. Según Gérard de Sède, que escribió extensamente sobre los Cátaros, los Templarios, la dinastía Merovingia, Saunière y Rennes-le-Château, Nostradamus pasó una época en Lorena. Se dice que allí se le enseñó un misterioso libro sobre el que después basó sus escritos. Este libro se conservaba en la abadía de Orval que, como hemos visto, era el lugar donde seguramente tuvo su origen el Priorato.

Estas mismas familias estuvieron implicadas en los disturbios religiosos del siglo XVI, en la guerra civil francesa del siglo XVII conocida como La Fronda, y en las conspiraciones masónicas del siglo XVIII. Destacaron además en la historia del Priorato de Sión. Deben su herencia al linaje Merovingio, que pasó de Dagoberto II a su hijo Sigisberto II.

Los Grandes Maestres del Priorato de Sión

La lista de Grandes Maestres que Dan Brown ofrece en *El Código Da Vinci* apareció originalmente en los *Dossiers Secrets*. La lista consiste en parte, en personas que se esperaría encontrar relacionadas con una organización clandestina. Muchas de ellas tuvieron conexiones con lugares como Rennes-le-Château y Stenay, y muchas estuvieron también conectadas de diversas maneras con la influyente familia Lorena.

Por otro lado, hay individuos muy reconocidos en otros contextos y aparentemente incongruentes con éste. Lo que todos tenían en común eran sus creencias religiosas no ortodoxas. Baigent, Leigh y Lincoln llegan a la conclusión de que el título de Gran Maestre del Priorato ha ido pasando a través de familias de ascendencia merovingia, pero que cuando, por algún motivo, no hay nadie disponible a través de estos medios, se invita a asumir el puesto a un personaje externo. Esto explicaría porqué Leonardo da Vinci, Isaac Newton y Jean Cocteau aparecían en la lista.

Una «coincidencia» curiosa es la relacionada con Cocteau. Después de la «tala del olmo» en 1188, el primer Gran Maestre del Priorato de Sión fue Jean de Gisors. Desde ese momento, todo Gran Maestre hombre ha adoptado el nombre de «Jean» y cada una de las cuatro mujeres que asumió el papel se convirtió en «Jeanne». Pero Jean de Gisors aparece en los documentos del Priorato no como «Jean I», sino como «Jean II», dando origen a las especulaciones de que Jean I sería o Juan Bautista, o Juan Evangelista (Juan el Amado del Cuarto Evangelio) o San Juan el Divino, autor de El Libro de la Revelación. Juan Bautista fue el profeta que predijo la llegada del Mesías, una figura de la realeza que derrotaría a los invasores romanos. Juan Bautista representaba un gran peligro para Herodes Antipas de Galilea, quien lo hizo ejecutar posteriormente. Jesucristo, de hecho, fue discípulo de Juan Bautista. A los eruditos cristianos siempre les ha resultado complicado explicar por qué Jesucristo aparece subordinado a Juan Bautista, y algunos herejes han proclamado incluso que el Cristo era Juan, no Jesús. Son los conocidos como «Juanistas».

Jean Cocteau, según los *Dossiers Secrets*, fue Jean XXIII, ya que era el hombre que ocupaba el puesto en vigésimo tercer lugar. Cuando el Papa Pío XII murió en 1959, Jean Cocteau era todavía el Gran Maestre. El nuevo Papa, el cardenal Angelo Giuseppe Roncalli, provocó una consternación considerable cuando decidió que su nombre papal sería Juan

XXIII. Fue el mismo nombre tomado por el infame «antipapa», que se estableció como rival del papado en el siglo XV. Resultaba inexplicable que el nuevo Papa quisiera adoptar este nombre.

En 1976, se publicó una colección de poemas que se dijo había escrito el Papa Juan XXIII. No es seguro que realmente salieran de su pluma, pero la introducción pone muchos obstáculos en el camino. Sugiere que Juan XXIII era miembro de la «Rosa-Cruz». Como hemos visto, el subtítulo que el Priorato de Sión adoptó en 1188 fue «Rosa-Cruz Veritas». ¿Significa esto que el Papa Juan XXIII era miembro del Priorato de Sión? La verdad es que parece más que una coincidencia que la elección del Juan XXIII del Priorato de Sión coincidiera con la del Papa que decidió, contra los deseos de todo el mundo, llamarse Juan XXIII. Es imposible que se consiguiera la lista, pues en 1956 estaba depositada en la Bibliothèque Nationale y el Papa no subió al poder hasta 1958.

El Papa Juan XXIII llevó a cabo los cambios más importantes que la Iglesia católica romana viera jamás. Alteró la postura de la Iglesia respecto a la francmasonería; durante los doscientos años anteriores, los católicos habían tenido prohibida la posibilidad de unirse a ella. El Papa levantó la sanción. En su carta apostólica de junio de 1960, confirió una particular importancia a «La Preciosa Sangre de Cristo». Dijo que lo que en realidad redimió al hombre fue el sufrimiento de Cristo y el derramamiento de su sangre. Estos dos aspectos de la historia de Jesús asumieron entonces mayor importancia que la Resurrección o la Crucifixión. Se ha dicho que esta postura altera la base que soporta la fe cristiana. Es decir, dejaba de ser necesario que Jesús muriera para redimir los pecados del hombre. Y con ello la Crucifixión y la Resurrección quedaban como hechos irrelevantes.

Algunos de los supuestos Grandes Maestres

Nicolás Flamel, *nacido hacia 1330, probablemente en Pontoise, Francia, fallecido hacia 1418, París.*

Nicolás Flamel fue el primer Gran Maestre del Priorato sin conexión familiar con los demás Grandes Maestres. Su nombre quizá resulte familiar a los aficionados a Harry Potter. De Flamel se dice que trabajó con el director de la escuela Hogwarts de Magia y Brujería, el profesor Aldus Dumbledore, en cuestiones de alquimia con el objetivo de convertir el plomo en oro. Su fama póstuma se origina en el interés que mostró en vida por las artes mágicas, ¡incluso hay quien cree que no llegó a morir! En *Harry Potter y la piedra filosofal*, se dice que tenía 665 años de edad. Esto tendría más o menos sentido si hubiera nacido en 1330. Flamel, copista de textos iluminados y vendedor de libros en París, se educó a través de los libros que pasaron por sus manos. Se dice que una noche, Flamel soñó que se le aparecía un ángel y le mostraba un libro que estaba hecho con páginas de fina madera y cubierta de cobre. Fue incapaz de coger el libro de las manos del ángel pues se despertó en mitad del sueño.

Sin embargo, no fue esto lo último que experimentó sobre el asunto, y así empezó una fase de su vida que lo cambió todo para él.

Un tiempo después, llegó un visitante a su librería desesperadamente necesitado de dinero. Le ofreció venderle un libro. Flamel fue capaz de identificar algunos de los personajes de la cubierta de cobre como griegos y las páginas parecían estar hechas de madera de árboles jóvenes en lugar de pergamino, que era lo más habitual. Flamel compró el libro inmediatamente al reconocer su similitud con el que había visto en su sueño. El libro tenía el complicado título de *El Libro Sagrado de Abraham, judío, príncipe, sacerdote, levita, astrólogo y filósofo de la tribu de judíos que por la ira de Dios fueron dispersados entre los galos.*

En aquella época no había judíos en Francia porque habían sido expulsados. Flamel se percató de que sólo un erudito judío sería capaz de ayudarle a traducir el libro, de modo que copió unas cuantas páginas y, en 1382, partió para España, el país vecino. Al principio no estuvo de suerte, pues todos los judíos que conocía le parecían sospechosos. A punto estaba de regresar a Francia cuando por casualidad, conoció a un judío converso llamado Maestro Canches que vivía en León. Canches le pareció también sospechoso de entrada, hasta que Flamel le mencionó que el libro era de Abraham el judío, a quien conocía bien. Pudo traducirle las pocas páginas que Flamel llevaba con él, pero no pudo acompañarlo a Francia para traducir el resto debido a la persecución y a que era demasiado mayor para viajar. Sin embargo, y gracias a las páginas que Flamel ya podía comprender, se dice que, a medianoche del 17 de enero, llevó a cabo con éxito la primera transmutación alquímica. Poco después se convirtió en una persona espectacularmente rica y dedicó gran parte de su riqueza a la fundación de organizaciones caritativas como hospitales e iglesias.

René d'Anjou, *nacido el 16 de enero de 1409 en Angers, Francia y fallecido el 10 de julio de 1480 en Aix-en-Provence.*

René d'Anjou fue conocido también como el «buen rey René». Entre sus muchos títulos, era nominalmente rey de Jerusalén. Vivió una vida llena de colorido y, a pesar de que fue uno de los primeros que codificó las reglas de la caballería, el sentido de los valores del «buen rey» estaba a menudo en contraposición con lo que se consideraría un comportamiento honorable. En 1431, fue hecho prisionero en Bulgnéville y entregado a Felipe el Bueno, duque de Borgoña, pero fue puesto en libertad condicional en 1432, después de entregar como rehenes a sus hijos Juan y Luis.

Se convirtió en Gran Maestre a los diez años de edad algo que, según los *Dossiers Secrets*, era bastante habitual. Posteriormente fue admitido en varias órdenes más, incluyendo entre ellas la Orden del Crescente que, por un motivo u otro, no era del gusto del Papa. René utilizó la Cruz de Lorena como distintivo personal y símbolo de su casa real. La Cruz fue después utilizada en la Segunda Guerra Mundial por las fuerzas de liberación francesas, bajo el mando de Charles de Gaulle. Fue utilizada asimismo por Godofredo de Bouillon y los Caballeros Templarios.

René tuvo una gran influencia sobre la llegada del Renacimiento y una de sus hijas se casó con Enrique IV de Inglaterra. Parece ser que tuvo también algún tipo de relación con Juana de Arco, cuya misión consistía en salvar a Francia de los ingleses. Se dice que René la acompañó en su visita a la corte del Delfín en Chinon y que es posible que estuviera a su lado durante el sitio de Orleáns. El repentino éxito de Juana en conseguir su objetivo de que el débil Delfín se convirtiera en rey fue, según parece, debido en gran parte a la influencia de Yolanda d'Anjou, madre de René. Muchos tienen la sensación de que la situación fue manipulada y que detrás de todo estaba operando una organización secreta: el Priorato, evidentemente.

René era poeta e ilustraba la literatura que creaba. Sentía un profundo interés por las cuestiones esotéricas y místicas. A pesar de que se le han atribuido muchas pinturas, algunas no son suyas. Muestran su escudo de armas, pero debieron ser realizadas por pintores de la corte. Ejerció gran influencia sobre la familia florentina de los Medici, responsables de muchas obras destacadas del Renacimiento. En aquella época se realizaron las primeras traducciones de los clásicos y en la Universidad de Florencia se enseñó por vez primera el griego. La primera biblioteca pública de Europa, la Biblioteca de San Marco, fue fundada en Florencia en 1444. René presentó el tema de la Arcadia, el paraíso pastoral griego que significaba para el Priorato la «Edad Dorada» que creían se produciría en cuanto los merovingios recuperaran sus tronos. El concepto de un «río subterráneo» se convirtió para René en una especie de fijación, simbolizando el movimiento «subterráneo» entre los ocultistas para acelerar la llegada de la nueva Arcadia. Estas ideas se difundieron rápidamente por toda Europa a través del arte y la literatura de la época.

Sandro Filipepi, *nacido en 1445 en Florencia (Italia) y fallecido el 17 de mayo de 1510 en Florencia.*

Nacido en 1445, es conocido como el pintor Botticelli, artista de gran influencia sobre los pintores prerrafaelitas del siglo XIX. Es el segundo integrante de la lista de Maestres del Priorato de Sión que carece de relación sanguínea con las familias cuyas genealogías aparecen detalladas en los *Dossiers Secrets*, pero estuvo muy bien conectado con algunas de esas casas reales. Entre sus patrones ilustres destacan los Medici. Como testimonio de su interés por lo esotérico está el diseño de una de las primeras barajas de Tarot, adscrito a él mismo o a su tutor, Mantegna. Sus pinturas, *La primavera* o *El nacimiento de Venus*, se basan en los conceptos esotéricos de la Arcadia y el río subterráneo.

Robert Boyle, *nacido el 25 de enero de 1627 en Lismore Castle, condado de Waterford, Irlanda y fallecido el 31 de diciembre de 1691 en Londres, Inglaterra.*

Robert Boyle fue el hijo menor del conde de Cork. Es famoso por sus experimentos con la bomba de aire, lo que dio lugar a la ley de física que recibe su nombre. En su juventud, viajó a Florencia donde los Medici seguían siendo influyentes entre los círculos artísticos y esotéricos. Estudió además demonología en Ginebra, donde pasó veintiún meses de su vida. Fue uno de los primeros en apoyar a los Stuart cuando Carlos II regresó al trono inglés. Mientras vivía en Londres, una de las personas que lo visitó fue Cosimo III de Medici, que se convirtió en gobernador de Florencia. Uno de sus mejores amigos fue Isaac Newton, a quien enseñó los principios de la alquimia, un interés que se prolongó durante toda su vida. Escribió dos tratados sobre el tema entre 1675 y 1677: *Incandescencia del mercurio con el oro* y *Un relato histórico sobre la degradación del oro*.

Sir Isaac Newton, *nacido el 25 de diciembre de 1642 [4 de enero de 1643, New Style], Woolsthorpe, Lincolnshire, Inglaterra y fallecido el 20 de marzo [31 de marzo] de 1727 en Londres.*

Resulta interesante que Dan Brown se concentre tanto en Sir Isaac Newton en *El Código Da Vinci*. Recordado en el siglo XXI como matemático y como la mayor influencia sobre la física teórica hasta Einstein, Newton fue integrante de primer orden del Priorato de Sión. Cursó estudios en Cambridge y fue elegido para ser miembro de la Royal Society en 1672, convirtiéndose en su presidente en 1703. Estableció una estrecha relación con Nicolás Fatio de Duillier, aristócrata ginebrino que llevó una vida estrafalaria por toda Europa, y que seguramente realizó labores de espionaje contra Luis XIV de Francia. Newton se convirtió en Maestre del Royal Mint en 1699, y en 1701 en Miembro del Parlamento por la Universidad de Cambridge. Fue también íntimo amigo de Jean Desagulliers, responsable de la veloz propagación de la francmasonería por toda Europa. Aunque es posible que él no fuera francmasón, Newton fue miembro de una asociación conocida como «El Club de Spalding de los Caballeros» del que Alexander Pope era también miembro. Newton inició en 1689 lo que él consideró su mayor obra, *La enmienda a la cronología de los antiguos reinos*. Era de la creencia de que gran parte de la sabiduría divina contenida en el judaísmo se había filtrado a través de Pitágoras. Además de practicar la alquimia mediante su asociación con Robert Boyle, estudio geometría sagrada y numerología.

Charles Nodier, *nacido el 29 de abril de 1780 en Besançon, Francia y fallecido el 27 de enero de 1844 en París.*

Nodier no tenía ni sangre noble ni contacto con cualquiera de las familias que figuran en los documentos del Priorato de Sión. Pero recibió el favor de las autoridades en su juventud después de escribir un poema satírico sobre Napoleón.[2] Después de trasladarse a París en 1824, se convirtió en uno de los elementos destacados de la sociedad literaria parisina, confraternizando con escritores como Victor Hugo y Alfred de Musset, integrantes destacados del movimiento romántico. Fue un escritor prolífico, conocido actualmente por sus cuentos cortos. Su admisión en la Académie Française en 1833 consolidó el Romanticismo como un estilo de literatura respetado.

Victor Hugo, *nacido el 26 de febrero de 1802 en Besançon, Francia, y fallecido el 22 de mayo de 1887 en París.*

Victor Hugo fue poeta, novelista, dramaturgo y el más importante escritor del Romanticismo francés. Es famoso fuera de Francia por sus novelas *Notre-Dame de Paris* y *Los miserables*. Su padre estuvo en el ejército de Napoleón, pero sentía enorme simpatía por los que conspiraban contra él. Victor Hugo conocía a Nodier desde joven y los conocimientos de Nodier sobre arquitectura gótica inspiraron la escena de su obra *El jorobado de Notre-Dame*. Charles Nodier y Victor Hugo fundaron un salón literario en la Biblioteca Arsenal, donde Nodier trabajaba, conocido como «el Cenáculo». Es posible que el Cenáculo fuera una tapadera para el Priorato de Sión. Allí concurrían románticos, artistas, surrealistas y simbolistas, que adoptaron el «Et in Arcadia Ego» como lema ele-

---

2. Existen pruebas de que el abad Selles animó a Napoleón a casarse con Josephine Beauharnais porque era descendiente de los merovingios.

gíaco y romántico. Hugo se casó en 1822 en la iglesia de Saint-Sulpice. Viajó durante algunos años con Nodier y fue portador del palio en su funeral en 1845. A pesar de ser profundamente religioso, Hugo tenía unas perspectivas muy poco ortodoxas sobre el catecismo y se sintió profundamente atraído por las filosofías gnósticas, cabalísticas y herméticas. Aunque respetó a Napoleón, Hugo fue un monárquico a favor siempre de la restauración del linaje Borbón. Aunque lo consideraba sólo como una medida temporal. Apoyó en particular, al rey constitucional, Luis Felipe, que había subido al poder después de la revolución de julio de 1831. Luis Felipe se casó con la sobrina de Maximiliano de Lorena, miembro de la familia Habsburgo-Lorena. Una gran parte de la obra de Victor Hugo es descaradamente política, aunque deseaba convertirse también en el «eco sonoro» de su época y escribió sobre los problemas sociales contemporáneos.

Claude Debussy, *nacido el 22 de agosto de 1862 en Saint-Germain-en-Laye, Francia, y fallecido el 25 de marzo de 1918 en París.*

A pesar de sus humildes orígenes, Debussy alcanzó la fama rápidamente. Durante su juventud estuvo bajo el patronazgo de la millonaria rusa, Nadezhda Filaretovna von Meck, que lo contrató para que tocase duetos con ella y sus hijos. Viajó extensivamente en su compañía y conocía a muchos personajes influyentes. De naturaleza reservada, ha sido por lo tanto, difícil de establecer lo fuertes que llegaron a ser sus relaciones con las familias del Priorato de Sión. La principal influencia musical en su vida fue la de Richard Wagner. Decía de Wagner que era «una puesta de sol maravillosa confundida con un amanecer». Su trabajo fue el equivalente musical a la pintura y a la literatura impresionista y simbolista. Sus obras más conocidas son *Claro de luna* y *Preludio a la siesta de un fauno*. Puso música a muchas obras de Victor Hugo. Entre sus conocidos destacó Émile Hoffet, a través del cual conoció a Bérenger Saunière, así como a la destacada cantante Emma Calvé, que posiblemente mantenía una relación romántica con Saunière. Debussy estuvo muy implicado en París con toda la escena del ocultismo. En las veladas del poeta simbolista, Stéphane Mallarmé, conoció también a Oscar Wilde, W.B. Yeats, Paul Valéry, André Gide y Marcel Proust.

Jean Cocteau, *nacido el 5 de julio de 1889 en Maisons-Laffitte, cerca de París, Francia, y fallecido el 11 de octubre de 1963 en Milly-la-Forêt, cerca de París.*

Jean Cocteau fue un poeta, libretista, novelista, actor, director de cine y pintor francés. Durante años fue conocido con el apodo de «El poeta frívolo» como consecuencia de un poema que escribió con ese título a la edad de quince años. Posteriormente, su amigo Apollinaire le otorgó el apodo de «Rey de los poetas». Fue Apollinaire quien utilizó por vez primera la expresión «surreal» para referirse al trabajo de Cocteau con el Ballet Ruso. Cocteau tenía una reputación totalmente justificada de libertino, pero el hecho de proceder de una familia adinerada e influyente debió ayudarle a ser elegido Gran Maestre. Era también buen amigo de Jean Hugo, el nieto de Victor Hugo, y de Claude Debussy, su predecesor como Gran Maestre del Priorato. Sus películas *Orfeo* y *El testamento de Orfeo*, presentan muchos mensajes relacionados con el Priorato de Sión y sus murales en las iglesias de Nôtre Dame de France en Londres y en la capilla de St. Peter en Villefranche-sur-Mer parecen contener también secretos del Priorato. De hecho, algunos de sus trabajos pudieron ser a solicitud del Priorato de Sión. Fue favorito del presidente francés, general de Gaulle, y el hermano del general le pidió a Cocteau que realizara un discurso nacional sobre el estado de Francia. Se sospecha que Charles de Gaulle fue, en algún momento, miembro del Priorato de Sión.

Jean Cocteau fue el Gran Maestre hasta su fallecimiento en 1963. Cuando Pierre Plantard de Saint-Clair habló con Baigent, Leigh y Lincoln en 1979, era secretario general. Parece ser que se hizo cargo del título el 17 de enero de 1981 y fue despedido en 1984. No se sabe quién estuvo en el cargo entre la muerte de Cocteau y el Gran Maestrazgo de Plantard, aunque en 1979, se les dijo a Baigent, Leigh y Lincoln que había sido un eclesiástico influyente llamado abad François Ducaud-Bourget, aunque él lo negara.

La situación actual

El Priorato de Sión se esfumó de la historia después de ser expulsado de Orleáns en 1619. La siguiente ocasión en la que se documenta la existencia del Priorato de Sión es en 1956, cuando apareció listado en el *Journal Officiel* francés, una publicación semanal gubernamental en la que se declaran todas las sociedades y organizaciones.[3] Sin embargo, durante el período intermedio, el Priorato de Sión afirma haber estado implicado en diversos acontecimientos históricos en los que tenía intereses. Es seguro que una organización como mínimo, la Compagnie de Saint-Sacrement, en el siglo XVII, en Francia, operó en la clandestinidad.

Baigent, Leigh y Lincoln, como parte de la investigación de sus libros, llevaron a cabo una serie de entrevistas con Pierre Plantard de Saint-Clair. Muchas de ellas tuvieron lugar en una brasería llamada La Tipia situada en la Rue de Rome de París. Las respuestas de Plantard fueron enigmáticas y a menudo equívocas, algo que es típico en la mayor parte de la

---

3. Los estatutos del Priorato de Sión publicados en 1956 afirman que el Priorato de Sión tenía un total de 9.841 miembros, divididos en nueve categorías. Incluía 729 provincias, 27 comandancias y el nivel más elevado de la jerarquía se encontraba en Arch, referido como «Kyria». El Gran Maestre recibe el nombre de «Nautonnier».

información sobre el Priorato de Sión. Por ejemplo, les dijo que fue prisionero de la Gestapo desde octubre de 1943 hasta febrero de 1944 por su implicación con la Resistencia francesa, aunque no se han encontrado de ello pruebas documentadas.

Los autores fueron capaces de confirmar que durante la Segunda Guerra Mundial, Plantard dirigió una revista titulada *Vaincre*. No trataba sobre cuestiones relacionadas con la resistencia francesa, sino de mitología y diversos temas esotéricos, y parece ser que era la publicación de una organización conocida como «Alpha Galates». El principal interés de Alpha Galates era la caballería y su estructura era aparentemente idéntica a la del Priorato de Sión. De hecho, seguramente se tratara del Priorato de Sión. *Vaincre* apoyó de forma ostensible el gobierno de Vichy de la época y en su primera edición incluía un himno al mariscal Henri Philippe Pétain. Debe tenerse en cuenta, sin embargo, que todas las publicaciones estaban sujetas al escrutinio de la maquinaria censora nazi y que Plantard afirmó después que la revista era una publicación secreta de la Resistencia que contenía mensajes y códigos que únicamente los miembros de la Resistencia podían comprender. Como Plantard fue posteriormente colaborador del general de Gaulle, que no toleraba a los colaboradores nazis, es poco probable que su aparente apoyo al gobierno de Vichy fuese genuino.

Uno de los principales objetivos de Alpha Galates/Priorato de Sión era la formación de unos Estados Unidos de Europa que constituirían un baluarte entre los Estados Unidos de América y la Unión Soviética, además de ser una entidad independiente de gran poder. Quizá lo hayan conseguido: Europa posee ahora su propia moneda y, hasta cierto punto, su propio gobierno federal. El emblema para una Europa Unida sugerido por el Priorato de Sión, ya en momento tan temprano como la década de 1940, era un círculo de estrellas, que es lo que aparece ahora en la bandera de la Unión Europea.

En los Estados Unidos, la recientemente formada CIA tuvo la misma idea. Durante las décadas de 1950 y 1960, el gobierno norteamericano vertió sobre Europa millones de dólares con el objetivo de evitar la «extensión de los rojos» y popularizar la idea de una Europa unida. La CIA y el Vaticano han mantenido siempre una estrecha relación. El dinero de la CIA fue libremente repartido a obispos y monseñores, incluyendo entre ellos a Giovanni Montini, el futuro Papa Pablo VI, para fundar diversas actividades culturales y empresas enfocadas hacia aquel objetivo.

La debacle de Argelia

En 1957, se vivieron en Francia momentos de agitación debidos a la guerra que tenía lugar en Argelia por su independencia. Para proteger los intereses franceses en Argelia, se formaron entonces los Comités de Salud Pública. La persona considerada adecuada para encabezar estos comités fue Charles de Gaulle, y a partir de entonces, trabajaron con todos los medios posibles para convertir a de Gaulle en presidente de Francia. Recibieron el apoyo de muchas fuentes influyentes, incluyendo al mariscal Alphonse Juin, miembro reconocido del Priorato de Sión. De Gaulle permitió que los Comités argelinos creyeran que él apoyaba su causa.

En 1958, el recién elegido gobierno francés dijo que la única manera de salir de la crisis de Argelia era otorgándole la independencia. Los Comités atrajeron a de Gaulle para que se hiciese cargo del gobierno, pero el siguió manteniéndose al margen de la situación.

Los Comités de Salud Pública empezaron entonces a afirmar su posición en Francia. En la calle corría la voz de la inminencia de un golpe de estado militar en Francia. El gobierno dimitió entonces y de Gaulle asumió el poder. En este momento parece haberse producido un conflicto de intereses entre los Comités, que querían que Argelia siguiera siendo francesa, y los Comités de Francia, que consideraban mucho más importante que de Gaulle asumiera el poder.

De Gaulle se encontraba en una situación incómoda. Había conseguido la presidencia apoyando la continuidad del estatus colonial de Argelia, pero estaba a punto de negociar la independencia con los líderes argelinos. Debido a la decisión tomada, pasó el resto de su vida temiendo morir asesinado en manos de antiguos miembros del comité argelino que lo consideraban un traidor.

El principal peligro, sin embargo, estaba en los Comités de Salud Pública franceses cuya oposición pudo haber causado muchos problemas. La operación de relaciones públicas para evitar que esto sucediera fue dirigida por Pierre Plantard de Saint-Clair, quien constituyó el Comité Central de París con la intención de absorber los demás Comités.

Circuit

El Priorato de Sión publicó más adelante dos series de una nueva revista. Su título era *Circuit*, acrónimo de «Chevalerie d'Institutions et Règles Catholiques, d'Union Indépendante et Traditioanaliste» («Caballería de Reglas Católicas e Instituciones de la Unión Independiente y Tradicionalista»). Fue en el subtítulo donde el Priorato de Sión se identificó cuando fue registrada en 1956. La primera serie consistía en diverso material esotérico similar al de *Vaincre*, además de lo que parece ser información relacionada con una asociación inmobiliaria de bajo coste. La serie posterior de *Circuit*, de 1959, menciona como director a Pierre Plantard. Dice ser la revista de una organización llamada la «Federación de Fuerzas Francesas». Pero nunca se ha hallado información relacionada con dicha organización. Lo que resulta interesante, sin embargo, es que los datos para contactar que aparecen son los que Anne Lea Hisler, primera esposa de Plantard, identificó como los del Secretariado General de los Comités de Salud Pública de la

Francia metropolitana. Por lo tanto, parece ser que la Federación de Fuerzas Francesas era el brazo administrativo de una continuación de los Comités.

Además de compartir muchos de los temas de *Vaincre*, en *Circuit* aparecen también artículos sobre vinos, viticultura y el negocio del vino que podrían claramente ser una referencia codificada: el vino en la tradición cristiana representa la sangre y las viñas, el linaje. Como Jesús se identificó como la Viña, resulta razonable suponer que esta utilización concreta del símbolo representa su descendencia.

La «Verdad» detrás de Pierre Plantard de Saint-Clair

La existencia actual del Priorato de Sión después de la dimisión de Pierre Plantard de Saint-Clair como su Gran Maestre es una cuestión de pura especulación. Él explicó a Baigent, Leigh y Lincoln que dimitió en 1984 debido a la intrincada situación provocada por la infiltración de un contingente «anglo-americano», que quería dirigir los objetivos del Priorato hacia otra dirección. Otro motivo de su dimisión tuvo que ver con la explosiva información que estaba a punto de ser publicada en un libro titulado *Los escándalos del Priorato de Sión*, escrito por «Cornelius». Baigent, Leigh y Lincoln recibieron un extracto del libro, que proporcionaba información detallada sobre oscuras transacciones financieras que implicaban al Priorato de Sión, a un destacado político italiano y a banqueros de los Estados Unidos. El cardenal Jean Danielou, antiguo amigo de Jean Cocteau que probablemente había conocido a Pierre Plantard, apareció muerto en misteriosas circunstancias en 1974. «Cornelius» escribió que Danielou estaba relacionado económicamente con el Priorato de Sión. Sugería además vínculos entre el Priorato de Sión, la mafia italiana y una sociedad secreta conocida con el nombre de «P2» (véase el capítulo 10 para más información sobre P2). Decía también que dos días después de que Plantard fuera elegido Gran Maestre, un miembro de alto rango del Priorato mantuvo un encuentro con Licio Gelli, el Gran Maestre de P2, en el anteriormente mencionado restaurante La Tipia. Sin embargo, a pesar de que el extracto escrito por «Cornelius» tuvo una amplia difusión, ninguna de las alegaciones fue demostrada ni debatida con éxito en una corte judicial.

Aunque Pierre Plantard mantenía que era descendiente del rey merovingio Dagoberto II, hay quien piensa que el linaje real de Plantard se basaba en un engaño. Según el programa de la cadena televisiva BBC, *Timewatch*, su nombre fue insertado en una genealogía copiada literalmente de alguna revista de historia. Hay quien dice que era descendiente de un granjero del siglo XVI y que no fue hasta 1964 que añadió a su apellido las partículas «Saint-Clair». Existen también especulaciones de que el revivido Priorato de Sión fue simplemente producto de su propia imaginación. La verdad es que, desde su dimisión, nadie ha reclamado el liderazgo de la organización. Dan Brown dice que el Priorato de Sión sigue basado en Francia, pero hay quien sospecha que ha resurgido en Barcelona.

Resulta difícil ver a través de esa pantalla de humo que ha envuelto al Priorato de Sión durante siglos. Pero dada su historia conocida hasta la fecha, no hay motivos para creer que haya hecho las maletas y haya desaparecido. Es más probable que esté representando detrás de bambalinas un papel de vigilante y que pudiera surgir de nuevo adoptando cualquier forma y en cualquier momento.

3

Los linajes Davídico y Merovingio

Después de una investigación larga y minuciosa, los autores de Sangre Santa, Santo Grial, *(Michael Baigent, Richard Leigh y Henry Lincoln) llegaron a diversas conclusiones fascinantes sobre la fe cristiana y la historia occidental en particular. No afirman que sus conclusiones sean exactas al ciento por ciento, pero las evidencias que exponen resultan atractivas.*

El concepto del Santo Grial como linaje de Jesucristo es uno de los temas básicos de *El Código Da Vinci*. Creer en ello niega el objetivo de la jerarquía cristiana actual y no sería una sorpresa que se hubieran llevado a cabo esfuerzos para anular, a cualquier coste, las pruebas de su existencia. Su aceptación destruye el tejido de la misma Iglesia, desafiando no sólo sus doctrinas, sino también su legitimidad como el ministerio de la Iglesia de Cristo. Monarquías y gobiernos, en el pasado y en el presente, legitimados a través de la historia mediante representantes de las denominaciones cristianas, quedarían completamente invalidados.

Algunos de los documentos del Priorato de Sión afirman que el linaje Merovingio puede recorrerse hasta llegar al Antiguo Testamento y a la Troya clásica. Se sospecha que son originarios de una tribu israelita concreta, la encabezada por

Benjamín. Su territorio abarcaba, antes de que la ciudad se convirtiera en la capital de David, lo que hace que los benjamitas sean el hilo conductor del linaje davídico, y Salomón, lo que hoy en día es el área que circunda Jerusalén.

Pero la tribu Benjamín cayó en desgracia cuando las demás tribus de Israel prohibieron que sus hijas contrajeran matrimonio con hombres benjamitas, por el apoyo que habían prestado a los adoradores del dios pagano Belial. Este dios suele asociarse con el toro o el becerro, algo similar al Becerro de Oro que la Biblia dice que adoraban los benjamitas. La tribu acabó recuperándose de este problema y suministró a Israel su primer rey, Saúl.

A pesar de haber recuperado su posición, parece ser que cuando Saúl subió al poder, muchos de los benjamitas vivían en el exilio, y hay pruebas que demuestran que el lugar elegido para instalarse fue la zona central de Grecia: Arcadia. Desde allí avanzaron hacia la Alemania actual y se mezclaron mediante matrimonios con las tribus teutonas. Finalmente, acabaron convirtiéndose en los francos sicambrainos, de los que descendían los merovingios. Como se ha comentado en el capítulo dos, cuando Godofredo de Bouillon partió para la Primera Cruzada, iba tan confiado de que se le pediría convertirse en rey de Jerusalén, que se deshizo de todas sus propiedades. Esta confianza tendría como base la idea de que su linaje Davídico-Merovingio lo colocaría en una posición, respecto al título, más favorable que la de cualquier otro aspirante.

No cabe duda de que los benjamitas solicitaron ayuda a los fenicios, sus aliados marítimos, para conseguir llegar a su exilio. En *Los mitos griegos*, Robert Graves escribe sobre el mito de Belus y las danaidas: «Este mito registra la llegada a Grecia de los colonizadores heládicos procedentes de Palestina, pasando por Rodas, y habla de que fueron ellos quienes introdujeron la agricultura en el Peloponeso». El culto a la madre diosa Ishtar (conocida entre los fenicios como Astarté), originario de Sumeria, se convirtió en un culto establecido en la Arcadia y se prolongó durante siglos.

Otra evidencia apunta a las similitudes entre los espartanos y los merovingios. Los hombres de ambos pueblos creían que el cabello largo les proporcionaba fuerza al alcanzar la edad adulta, una característica atribuida también al personaje bíblico Sansón. Además, en *Macabeos 1* se dice que: «Se han encontrado escritos relacionados con los espartanos y los judíos que afirman que son hermanos y son familia de Abraham.»

Fueron los fenicios quienes establecieron las rutas comerciales del sur de Francia y del Ródano. Los objetos semitas encontrados en la zona indican las alianzas dinásticas surgidas a través de los matrimonios entre miembros de las familias reales fenicias y de las familias reales de Israel y Judea en el siglo IX a.C.

Entre 106 y 48 a.C., se estableció en Roma una colonia judía, y después del saqueo de Jerusalén de 70 d.C., un gran número de judíos huyeron tanto a Italia como a Francia. Además, hubo muchos esclavos judíos que acompañaron a sus amos por toda Europa y que acabaron siendo liberados, formando sus propias comunidades.

La primera vez que María Magdalena aparece en el Nuevo Testamento con un significado real es cuando se la describe como la primera persona que ve a Cristo después de la Resurrección, razón por la que es venerada como santa en Francia y en otros lugares donde tiene iglesias dedicadas a su culto. Uno de los relatos más persistentes sobre el Santo Grial es que fue llevado a Francia por Magdalena que, según una leyenda del siglo IV, entró a ese país por Marsella. Se trata del puerto del Mediterráneo francés donde desemboca el río Ródano, una ruta establecida de comercio fenicio.

El romance original del Grial fue escrito por Chrétien de Troyes. Se le relacionó con la corte del conde de Champagne, y su historia se tituló *Le Roman de Perceval* o *Le Conte del Graal*. La historia fue escrita en torno a 1188, que fue también el año, naturalmente, en el que el Priorato de Sión se escindió de la Orden del Temple, y el año de la caída de Jerusalén.

En *Le Conte del Graal,* el personaje principal, Perceval, descrito como el «Hijo de la dama viuda», abandona a su madre para buscar fama y fortuna. Conoce a un misterioso pescador, el «Rey pescador» que lo invita a pasar la noche en su castillo. En el transcurso de la velada, aparece el Grial de oro, tachonado de piedras preciosas, portado por una damisela. Perceval no se da cuenta de que se supone que debe formular una pregunta al Grial y que dicha pregunta debe ser: «¿A quién sirve este Grial?». Para ser justos, puede disculpársele porque no había manera de saber que era esto lo que de él se esperaba. Pero cuando se despierta a la mañana siguiente, como resultado de su omisión, que claramente ha sido tomada muy en serio, descubre que el castillo está desierto y que los territorios que lo circundan han sido destruidos. Descubre también que el «Rey pescador» es su propio tío. Llegado este momento, resulta difícil culparle por sentirse desilusionado con todo, y Perceval dice que ya no puede seguir amando o creyendo en Dios.

Chrétien murió antes de completar el poema. Hay quien dice que murió misteriosamente en un incendio que se produjo en Troyes aquel año, 1188. Durante los años siguientes, el concepto del Grial se extendió rápidamente por Europa y se asoció íntimamente con la leyenda del rey Arturo. Hasta entonces, sin embargo, no se había asociado con Jesús.

Los Merovingios

Los Merovingios gobernaron gran parte de la Francia y la Alemania actuales entre los siglos V y VII. El inicio de esta época coincide no sólo con las historias del Grial, sino también con la era del rey Arturo, tan importante en todos estos relatos. Nunca nadie cuestionó que los merovingios fueran los gobernadores de pleno derecho de los francos. No fueron «creados» como reyes. Los hijos de quienes ostentaban el título se convertían automáticamente en reyes al cumplir los doce años. Su papel no consistía en gobernar, tarea que quedaba en manos de los «Mayordomos de palacio». Simplemente se esperaba de ellos que existieran como representantes de su papel, con un poder y un estatus que podría ser similar al del monarca constitucional del siglo XXI. Disfrutaban además de los placeres de la poligamia y a veces se beneficiaban exageradamente de este privilegio.

El origen del nombre de la familia merovingia se encuentra en su propio progenitor, Mérovée (escrito también como «Merovech» o «Meroveus»). El nombre es una reminiscencia de las palabras latina y francesa que significan «mar». La leyenda cuenta que Mérovée nació de dos padres. Sin duda alguna, se trata de una historia alegórica que hace referencia a la alianza de dos dinastías a través de su nacimiento. Se decía que su madre estaba ya embarazada de su esposo cuando fue a nadar al mar. Fue seducida entonces por una criatura marina que la inseminó por segunda vez. Cuando posteriormente nació Mérovée, corría por sus venas la sangre de dos orígenes distintos: la de su padre franco y la de un «animal marino».

A partir de entonces, los merovingios tuvieron la reputación de estar relacionados con lo oculto y lo supernatural. Estaban considerados como sacerdotes-reyes, algo parecido a los faraones egipcios. Los poderes curativos que se les suponía se extendían incluso a los adornos de borlas de sus túnicas, de las que se creía albergaban poderes curativos especiales. Como veremos en el capítulo 4, después del fallecimiento de Bérenger Saunière, desfiló junto a su cuerpo vestido con túnica una verdadera procesión de gente, y todos le arrancaron una borla de la prenda. Se decía que los reyes merovingios tenían una marca de nacimiento distintiva que tomaba la forma de una cruz roja templaria, sobre el corazón o entre los omoplatos.

El rey Childerico I fue el hijo de Mérovée y el padre del rey merovingio Clovis. Cuando en el siglo XVII se descubrió su tumba en la región belga de las Ardenas, contenía objetos de brujería como una cabeza de caballo cortada, la cabeza de un toro dorado y una bola de cristal.

Uno de los símbolos distintivos de los merovingios fue la abeja. En la tumba del rey Childerico se encontraron centenares de abejas de oro puro. La costumbre se prolongó durante siglos. Cuando Napoleón fue coronado emperador en 1804, se aseguró de que sus vestidos para la coronación portaban bordados de abejas doradas. Los merovingios le fascinaban y encargó la elaboración de sus genealogías para descubrir si la dinastía había sobrevivido después de su deposición. Estas fueron las bases de las genealogías encontradas en los documentos del Priorato de Sión.

Los merovingios afirmaban descender de dos orígenes distintos: Noé y Troya. Esto último explicaría los nombres de determinados lugares en Francia, como Troyes y París. Además, según Homero, en Troya había bastantes habitantes de la Arcadia. En Arcadia el oso estaba considerado como un animal sagrado y los antepasados de los merovingios, los francos sicambrianos, también tenían el oso en gran estima. Otra posible conexión es que la palabra galesa que significa «oso» es «arth», lo que podría explicar el origen del nombre del rey Arturo.

Cuando los sicambrianos se trasladaron a lo que hoy es Francia para huir de la invasión de los hunos, estaban ya establecidos como una sociedad sofisticada desarrollada entre las familias romanas. Por lo tanto, era posible que los merovingios, que heredaron su cultura, fueran percibidos como seguidores del imperio romano. La cultura de los francos prosperó bajo la dinastía merovingia a partir de ese momento. Durante este período, los merovingios acumularon enormes riquezas y la cruz de brazos idénticos que aparecía en sus monedas era exactamente la misma que durante las Cruzadas utilizó el reino franco de Jerusalén.

Clovis I es quizá el monarca merovingio más famoso, pues fue él quien introdujo en Francia el cristianismo romano. Su esposa católica lo animó a encaminarse hacia esa dirección, aunque es probable que se decantara por la idea también por otros motivos.

En aquella época, la cristiandad adoptaba formas muy distintas. La Iglesia romana estaba en conflicto constante con la Iglesia celta. En 496 d.C., Clovis mantuvo diversas reuniones secretas con Saint Rémy. El resultado de las mismas fue un pacto entre Clovis y la Iglesia romana por el que Clovis actuaría como el brazo fuerte de la Iglesia. A cambio de esto, gobernaría lo que había sido el Sacro Imperio Romano de Constantino, destruido por visigodos y vándalos.

Para la Iglesia romana era de suma importancia que el acuerdo funcionara, ya que significaría un nuevo imperio romano y cristiano, administrado por la secular dinastía merovingia. Y así fue como Clovis fue bautizado por Saint Rémy en Reims, Francia. Y, de este modo, la Iglesia romana establecía un pacto no sólo con Clovis, sino también con todos sus descendientes.

Clovis llevó a cabo con entusiasmo su parte del trato. Aumentó el tamaño de su imperio abarcando gran parte de lo que hoy es Francia y Alemania. Se comprometió particularmente a derrotar a los visigodos y acabó haciéndolo en la batalla de Vouillé. Los visigodos fueron obligados a replegarse y se establecieron finalmente en la zona de Razès, en Rhédae, el actual pueblo de Rennes-le-Château.

Después de la muerte de Clovis, su reino fue dividido entre sus cuatro hijos, siguiendo la tradición de la época. Esto llevó a la ruptura de la cohesión previa y proporcionó a los mayordomos de palacio la oportunidad perfecta para conseguir más poder. Aunque tuvieron que enfrentarse con Dagoberto II.

Dagoberto nació en 651 y cuando su padre, Clovis, falleció en 656, hubo muchos esfuerzos para evitar que heredara Austrasia, el reino nororiental de Clovis. Grimoaldo, el mayordomo de palacio más destacado de la época, secuestró a Dagoberto tan pronto murió su padre y consiguió convencer a la corte, en primer lugar, de que Dagoberto había muerto también y, en segundo lugar, de que Clovis quería que fuese el hijo de Grimoaldo quien heredara el trono. Fue tan convincente que incluso la madre de Dagoberto le creyó.

Sin embargo, Grimoaldo fue incapaz de cometer el asesinato de Dagoberto y lo llevó al obispo de Poitiers, quien exilió al niño a Irlanda. Fue allí donde se crió y fue en el monasterio de Slane, cerca de Dublín, donde se educó. Se caso con Matilde, una princesa celta, y se trasladó a York, en el norte de Inglaterra, donde conoció a San Wilfredo, obispo de York. En aquel momento, la alianza de la Iglesia romana con los merovingios no era tan fuerte como lo había sido en tiempos de Clovis.

Wilfredo deseaba unir las iglesias celta y romana y el acuerdo se cerró con el Consejo de Whitby en 664. Sin embargo, parece ser que Wilfredo reconoció también el valioso potencial del regreso a Francia de Dagoberto, el rey legítimo de Austrasia, para reclamar las tierras como representante militante de la Iglesia.

La esposa de Dagoberto murió en 670 y Wilfredo se aseguró rápidamente de que la siguiente esposa de Dagoberto fuese elegida con sumo cuidado. La elegida fue Giselle de Razès, hija del conde de Razès y sobrina del rey de los visigodos. Esta alianza entre los merovingios y los visigodos no sólo habría sometido a Francia bajo la misma regla, sino que además habría reforzado a Roma por encima de los visigodos.

Se casaron en la iglesia de Santa Magdalena en Rennes-le-Château. Dagoberto, que había tenido cuatro hijas de sus dos matrimonios, acabó por fin siendo padre de un niño, Sigisberto IV, en 676.

Después de vivir tres años en Rennes-le-Château, Dagoberto fue proclamado rey de Austrasia. Se propuso inmediatamente restablecer el orden en su nuevo reino y, con ello, aumentó en gran manera su riqueza.

A pesar de ello, no cumplió las expectativas de Wilfredo de contener a la Iglesia romana intentando limitar la influencia de dicha Iglesia en su reino. Gracias al matrimonio con la dinastía visigoda, Dagoberto había adquirido además, gran parte de lo que hoy es la región del Languedoc, en el sur de Francia. Los visigodos nunca habían sentido devoción por Roma, dentro del cristianismo, preferían la herejía «arriana», que insistía en que Cristo era un ser humano normal, nacido como cualquier hombre, y Dagoberto siguió su ejemplo.

Por lo tanto, inevitablemente, con sus nuevas tierras y sus nuevas riquezas, Dagoberto empezó a crearse enemigos. Provocó también el rencor de los gobernadores de las tierras francas vecinas, algunos de los cuales tenían conexiones en la corte de Dagoberto que podían resultar peligrosas para él. Uno de ellas fue el mayordomo de su palacio, el traidor Pipino el Gordo.

El mayor de los dos palacios de Dagoberto era el de Stenay, en las Ardenas. Cerca de él se encontraba el Bosque de Wöevres, donde, como vimos en el capítulo 2, Dagoberto fue a cazar el 23 de diciembre de 679. Mientras estaba durmiendo bajo un árbol, su ahijado se acercó a él y, siguiendo las órdenes de Pipino, le clavó un cuchillo en el ojo, acabando con su vida. La banda asesina regresó entonces a Stenay donde se cree que asesinaron al resto de la familia de Dagoberto. La Iglesia romana no perdió el tiempo para condenar la acción. Sin embargo, quizá con cierto sentimiento de culpa, canonizó a Dagoberto en 872, cuando sus restos fueron trasladados al cementerio de una iglesia que recibió el nombre de «iglesia de San Dagoberto». Le concedieron incluso un día para su festividad, el 23 de diciembre. Éste día era también sagrado para la tribu benjamita. La Iglesia católica romana ha sido siempre incapaz o no ha estado dispuesta a explicar por qué fue canonizado.

Desde el día de su entierro en la iglesia de San Dagoberto, su tumba fue destino de peregrinaje de diversas y destacadas figuras históricas, incluyendo entre ellas al duque de Lorena, abuelo de Godofredo de Bouillon. La iglesia fue destruida durante la Revolución Francesa y la mayoría de las reliquias de San Dagoberto desaparecieron. Hoy sólo se conserva lo que se cree fue su calavera en un convento en Mons. Curiosamente, varios años después, apareció un poema titulado «de Sancta Dagoberto martyre prose». El poema fue encontrado en la abadía de Orval y su mensaje era que Dagoberto fue martirizado por algún motivo.

El asesinato de Dagoberto marcó el fin de la era Merovingia. Después de la muerte de Dagoberto, la dinastía Merovingia cayó en declive, a pesar de que consiguieron mantener gran parte de su estatus durante casi un centenar de años más. Sin embargo, muchos de los monarcas fueron demasiado jóvenes como para ejercer con efectividad e incapaces de defenderse contra las insaciables ambiciones de los mayordomos de palacio. Childerico III murió sin hijos en 754, el signo más evidente de que la llama de la monarquía se había extinguido.

Pipino el Gordo, quien ordenó el asesinato de Dagoberto, colocó a su hijo, Carlos Martel, en un puesto de liderazgo. A pesar de su excelente reputación como militar, y del hecho de tener delante una gran oportunidad, evitó reclamar el trono, quizá por respeto a los derechos de los merovingios. Después de la muerte de Carlos Martel en 741, su hijo, Pipino III, mayordomo de palacio del rey Childerico III, se dirigió al Papa acompañado por una delegación y formuló la pregunta: «¿Quién debería ser rey? El hombre que tiene el poder o aquel que aunque llamado rey, no detenta ningún poder». El Papa dijo que Pipino debía ser el rey y con ello rompió el acuerdo establecido con Clovis. Childerico fue enviado a un monasterio, donde falleció cuatro años después, y Pipino se estableció firmemente en el trono de los francos.

La coronación de Pipino III en 754 fue llevada a cabo según nuevas reglas que garantizaban que los reyes serían creados en lugar de ser simplemente reconocidos. Esto se hizo siguiendo el documento fraudulento denominado la *Donación de Constantino*, que se discute extensamente en el capítulo 5 dedicado a Constantino el Grande. La dinastía Carolingia se inició en este momento, recibiendo su nombre de Carlos Martel, aunque se asocia más con su descendiente, Carlomagno, quien en 800 fue proclamado Sacro Emperador Romano, un título que previamente había pertenecido exclusivamente a los reyes merovingios.

Justo antes de su coronación, Pipino III, contrajo matrimonio con una princesa merovingia, presumiblemente para legitimizar una vez más los genes merovingios y canalizarlos hacia la dirección adecuada. Carlomagno hizo un casamiento similar. De hecho, sus dudas parecieron incluso afectar su coronación. Parecía decidido a dar la impresión de que le daba casi vergüenza convertirse en Sacro Emperador Romano. La ceremonia se había preparado para que diera la sensación de que el Papa lo coronaba sin que Carlomagno estuviese previamente al corriente de ello. Carlomagno aceptó la corona con la expresión de sorpresa que muestran las estrellas de cine cuando reciben un Oscar. Para añadir credibilidad a la representación, insistió en que nunca habría entrado en la catedral romana de haber sabido lo que iba a suceder.

La traición a Clovis por el asesinato de Dagoberto II ha sido el origen de las mayores angustias del Priorato de Sión y de los descendientes merovingios. Sin embargo, parece haberse producido un intento de mitigar el insulto. Por eso la familia real carolingia (la familia del emperador Carlomagno) se casó con princesas merovingias como modo de legitimarse. El hijo de Dagoberto, Sigisberto, fue el antecesor de Guillermo de Gellone, gobernador del reino judío de Septimania en el sur de Francia y también de Godofredo de Bouillon, quien conquistó Jerusalén durante las Cruzadas. Por lo tanto, el linaje de Jesucristo, el linaje benjamita o davídico, recuperó el trono que había sido suyo por derecho, desde la época del Antiguo Testamento.

La conclusión

Hay pocas dudas razonables respecto al hecho de que Jesús estuvo casado. Como veremos en el capítulo 8 dedicado al matrimonio de Jesucristo, el heredero del linaje Davídico tenía que casarse por ley. No sólo eso, se le exigía engendrar también un mínimo de dos hijos (un «heredero y un repuesto», como se dice respecto a la familia real británica). Las elecciones de vida actuales, como vivir en pareja sin estar casados o las relaciones homosexuales, no existían en la Judea del siglo I. El matrimonio para los integrantes del linaje Davídico era un ritual tan importante que hacía redundante cualquier necesidad de romanticismo. La necesidad de la supervivencia del linaje en una comunidad tan rural y, a la vez tan perseguida, estaba por encima de todo. Hay mucha gente que actualmente, cree que Jesús sobrevivió a la Crucifixión, y hay quien dice que acompañó a María Magdalena en su huida a Francia. De todos modos, parece poco probable que fuera con ella. Aunque realmente hubiera sobrevivido, seguía siendo un hombre buscado y Francia era, en su mayor parte, territorio del Imperio romano. Existen pruebas de que Jesús y María tuvieron dos hijos en Tierra Santa (un niño y una niña) y de que María Magdalena dio a luz un segundo varón poco después de su llegada a Francia». Jesús fue conocido como «pescador» desde el momento en que fue admitido en el sacerdocio en la Orden de Melquisedec, según se describe en *Hebreos, 5*. De este modo, la casa de Judea se convirtió en una dinastía de sacerdotes-reyes que en la mitología del Grial se mencionan como los «Reyes pescadores». El linaje de descendientes de estos Reyes Pescadores fue el de la casa francesa de los Acqs. El nombre «Acqs» tiene su origen en la palabra *aquae*, que significa «aguas», y la familia tuvo mucha influencia en la zona de Aquitania. La dinastía Merovingia procedía de este linaje y fueron los condes de Tolosa y Narbona y los príncipes de Septimania Midi, en lo que hoy en día es el sudoeste de Francia. En el siglo V, parece ser que los descendientes de estos niños se casaron con integrantes del linaje real de los francos, dando lugar a la dinastía Merovingia.

Como hemos visto anteriormente en este mismo capítulo, la Iglesia católica romana hizo un pacto en 496 con Clovis, uno de los reyes merovingios, en el que se comprometía para siempre con el linaje Merovingio. Esto se debió seguramente al reconocimiento de la verdadera identidad de dicho linaje. Clovis recibió el título de Sacro Emperador Romano (o «Nuevo

Constantino», como se denominaba entonces) y, en consecuencia, no se convirtió en rey, aunque naturalmente, por las tradiciones merovingias de sucesión, fue reconocido como tal.

Parece concluyente que la Iglesia jugó un papel en el asesinato de Dagoberto II y que nunca fue capaz de perdonarse por ello. El resultado del asesinato fue que los merovingios fueron traicionados y para la Iglesia era vital que nadie se enterara de ello, pues habría caído directamente en manos de los enemigos de Roma. Pero Roma no pudo reprimir por completo la verdad y una de las maneras mediante la cual la verdad sobre el asunto salió a la luz fue alegóricamente, a través de escritos como los romances del Santo Grial.

Por lo tanto, el Santo Grial tenía dos identidades simultáneas. La primera era la de «Sang Real»: la sangre «Real» de la que los Caballeros Templarios eran los guardianes. En segundo lugar, habría sido el vaso o receptáculo de la sangre de Jesús (o del semen), es decir, el útero de María Magdalena. Es por eso que muchas de las iglesias que supuestamente están dedicadas a la «Virgen» María en forma de «Vírgenes negras» o «Madonnas negras», estaban en realidad dedicadas a la Magdalena.

El Santo Grial puede también haber sido, literalmente hablando, el tesoro tomado el 70 d.C., cuando el emperador Tito asaltó el templo de Jerusalén. Esta inmensa fortuna acabó encontrando su camino a través de la cordillera de los Pirineos y se dice que hoy se encuentra en manos del Priorato de Sión. Además de este tesoro, en el templo de Salomón debió haber también certificados de nacimiento, certificados de matrimonio y otros documentos relacionados con el linaje real de Israel. Sin duda alguna aportarían pruebas sobre la afirmación de Jesucristo de ser Rey de los Judíos.

No hay evidencias que demuestren que Tito y sus soldados encontraran tal documentación. La lógica, no obstante, nos induciría a creer que los soldados se habrían sentido muy felices llevándose con ellos todas las cantidades de oro y joyas que hubiese disponible, despejando el camino para que cualquier documentación más sensible pudiera ser escondida.

Hacia el año 1100, los descendientes de Jesucristo habían alcanzado en Europa puestos de influencia e importancia, así como en Palestina, a través de Godofredo de Bouillon. Aunque es posible que fueran perfectamente conscientes de su ascendencia, puede ser también que no pudieran demostrarlo sin la documentación u otro tipo de pruebas que seguían bajo el templo de Salomón.[1] Esto explicaría las excavaciones que los Caballeros Templarios realizaron en torno a la zona del templo en esa época. Según las pruebas encontradas por Leigh, Baigent y Lincoln, parece ser que los Caballeros Templarios no sólo fueron a Jerusalén en busca de alguna cosa, sino que además lo consiguieron y regresaron con ello a Inglaterra. No queda claro lo que sucedió después, pero se sabe que el cuarto Gran Maestre de la Orden del Templo, Bertrand de Blanchefort, escondió algo cerca de Rennes-le-Château y que un grupo de mineros alemanes construyeron un escondite. Se especula sobre lo que este «algo» podría ser, especulaciones que van desde el certificado de matrimonio de Jesús y/o el certificado de nacimiento de sus hijos, hasta su cuerpo momificado. Fuese lo que fuese, tuvo que pasar a la secta hereje cátara de la zona del Languedoc, cerca de Rennes-le-Château, cuyos miembros murieron masacrados sin piedad en 1209 en manos de treinta mil soldados del Papa. El tesoro fue escondido en el fuerte cátaro de Montségur, que fue sitiado durante diez meses hasta marzo de 1244.

En cuanto los merovingios estuvieron restablecidos en Jerusalén, pudieron dar a conocer los hechos. Esto explica porqué, en esta época, empezaron a aparecer los romances sobre el Grial, tan íntimamente relacionados con los Caballeros Templarios. Sin duda alguna, la verdad de los reyes merovingios

---

1. Existía una tradición real que decía que el linaje de Godofredo y de Boudouin de Bouillon estaba «fundado sobre la Roca de Sión», y que tenía un estatus equivalente al de las dinastías europeas más destacadas. Tanto el Nuevo Testamento como la masonería mantienen que la «Roca de Sión» era, de hecho, Jesús.

habría acabado saliendo a la luz y habrían gobernado por toda Europa, sustituyendo al Papa y convirtiendo a Jerusalén en la capital del mundo cristiano. Si Jesús hubiera sido aceptado por los cristianos como profeta mortal, como sacerdote-rey y como descendiente de la estirpe Davídica, habría sido aceptado también por los musulmanes y los judíos. Evidentemente, eso habría cambiado drásticamente la historia del Oriente Medio.

Sin embargo, el curso de la historia no fue éste y el reino merovingio de Jerusalén fracasó. Con la pérdida de Tierra Santa en manos de los musulmanes, en 1219, los merovingios fueron excluidos y los Caballeros Templarios resultaron redundantes. Desde ese momento, la Iglesia católica romana ha seguido reforzándose a expensas de la verdad.

La «familia real» australiana

El 3 de enero de 2004, el canal de televisión británico, Channel 4 TV, exhibía un documental titulado «El verdadero monarca británico», en el que Tony Robinson, quizá más conocido por su personaje «Baldrick» en la serie de la BBC *El escorpión negro*, presentaba pruebas descubiertas por el historiador Michael K. Jones sobre los antepasados de la actual familia real británica.

Al morir Eduardo IV, su hijo menor, llamado también Eduardo, reinó brevemente pero nunca fue coronado. Él y su hermano Ricardo, duque de York, fueron llevados a la Torre de Londres, donde su tío Ricardo, que se convertiría en Ricardo III, adoptó el papel de Lord Protector. Se proclamó entonces, basándose en hechos muy dudosos, que los jóvenes príncipes eran ilegítimos. Poco después, desaparecieron y nunca volvieron a ser vistos. El dedo acusador de la historia ha señalado a Ricardo III desde entonces, aunque no existen pruebas concluyentes de su implicación. Sin embargo, se supone que asfixió a sus dos jóvenes sobrinos hasta darles muerte y en 1674, se hallaron en la Torre los esqueletos de dos chicos, supuestamente los de los dos príncipes. La descripción de Ricardo III como un hombre jorobado y malvado es básicamente responsabilidad de Shakespeare, y se cree que fue un fenómeno originado como propaganda Tudor. Durante siglos, el rey inglés Ricardo III ha sido tema de controversia. Algunos afirman que siendo el último rey Plantagenet, fue el último «Rey Grial» de Inglaterra. Esto podría explicar la propaganda en época Tudor, ya que tanto Enrique VIII como su hija Isabel I, fueron siempre conscientes de su comparativamente humilde linaje.

La verdadera historia, según Tony Robinson, es bastante distinta. El historiador mantiene que Eduardo IV era ilegítimo y que, por lo tanto, la corona debería haber ido a parar a su hermano Jorge, duque de Clarence. Las implicaciones tanto para la historia británica como americana son enormes.

La madre de Eduardo IV fue Cecily Neville, conocida como la «Orgullosa Cis» por su legendario carácter altivo. Dominic Manzini, que visitó Londres en 1483, informó que Cecily «cayó en la locura» formulando la increíble y despreciativa acusación de que Eduardo IV era ilegítimo y que estaría dispuesta a jurarlo ante un tribunal público. Algo extraordinario de admitir por parte de una madre. Había corrido el rumor de que había mantenido un romance con un arquero inglés llamado Blaybourne, que pudo ser el verdadero padre. Eduardo IV era alto y no tenía ningún parecido físico ni con sus hermanos ni con sus antepasados. De hecho, tenía el aspecto de un fornido arquero. Blaybourne tenía su base en la guarnición de Rouen en Normandía, Francia, lugar donde vivían Cecily y su esposo Ricardo, el duque de York. Según las pruebas concluyentes que aparecen en los registros del arzobispado de la catedral de Rouen, el esposo de Cecily, Ricardo, estuvo combatiendo en Pontoise, en otra zona de Francia, durante un período de cinco semanas durante el cual debió ser concebido el futuro Eduardo IV.

El futuro Eduardo IV, por lo tanto, parece ser el resultado de la relación que Cecily mantuvo con Blaybourne. Sin embargo, el asunto no fue nunca tomado muy en serio y los historiadores han dicho que el incidente surgió por dos motivos. En primer lugar, Cecily quería oscurecer el nombre de Eduardo porque odiaba a su esposa, Elizabeth Woodville. En segundo lugar, se dice que fue intimidada y forzada a admitirlo por su otro hijo, llamado también Ricardo, para aumentar con ello sus probabilidades de convertirse en el rey Ricardo III.

Eduardo nació en Rouen el 28 de abril de 1442 y a pesar de ser el hijo mayor, no fue legitimado y, por lo tanto, no podía heredar el trono. Eduardo IV hizo juzgar a su hermano menor Jorge, duque de Clarence, por traición y se cree que encontró su final ahogándose en una cuba de malvasía para evitar la vergüenza de la ejecución. Esto significa que después de la muerte de su hermano Jorge, algo que limpió de obstáculos el camino de Ricardo al trono, Ricardo era el único y verdadero heredero y sucesor del trono. Su causa fue, por lo tanto, una fuente de inspiración para sus soldados en el campo de batalla.

Los descendientes de Jorge, duque de Clarence, fueron tratados con desprecio. Su hija, Margaret Pole, que debería haber sido Margarita I de Inglaterra, fue decapitada en 1541 a los sesenta y ocho años de edad, durante el reinado de Enrique VIII, basándose en falsos cargos de traición. Otros miembros de su familia murieron de hambre encerrados en la Torre de Londres. Las últimas palabras de Margaret fueron: «Benditos los que sufren persecución en nombre de la justicia, porque de ellos es el reino de los cielos.» En aquel momento, el verdugo habitual no estaba disponible. Su poco habilidoso sustituto fue incapaz de llevar a cabo correcta y limpiamente la ejecución, y se limitó a cortarle el cuello y dejar que muriera lentamente.

A pesar de esta indecorosa muerte, su linaje continuó a partir de entonces. En su árbol genealógico abundan nombres no reales, como Edith, Barbara e Ian, y el actual «rey» de Inglaterra es, de hecho, Michael Hastings, un corpulento australiano que votó contra la continuación de la monarquía constitucional en Australia y a favor de la república. No quedó desconcertado ni se emocionó cuando Tony Robinson le comentó el ilustre título que poseía. Abandonó Inglaterra en 1960, a los diecisiete años, para ir a vivir a Australia, y entró a trabajar en una agencia de propiedad inmobiliaria y trata de ganado. Vive desde 1966 en Jerilderie, Nueva Gales del Sur, una población de mil cien habitantes. Actualmente trabaja en el Australian Rice Research Institute. Él y su esposa, Noelene, tienen cinco hijos y cinco nietos... todos, como su padre, republicanos declarados. El hijo mayor de Michael, Simon, es su heredero.

Tenemos que considerar y aceptar el hecho de que en tiempos modernos la monarquía no es más que un linaje. De lo contrario, no tendría ningún significado ni ninguna conexión con lo que entendemos como democracia. Como si el erróneo legado de la *Donación de Constantino* no fuera suficiente, la ilegitimidad de Eduardo IV significa que ninguno de los monarcas británicos han reinado legítimamente.

Por ejemplo, Jorge III, monarca británico en la época de la Guerra de la Independencia Norteamericana, no estaba en posición de perder la guerra en su nombre. Sin embargo, ya que anteriores monarcas habían sido incapaces de conservar la colonia a su nombre por los mismos motivos, quizá estemos ante un argumento meramente académico.

Y a su vez, esto significa que ninguna de las leyes que los monarcas británicos han sellado o autorizado tiene significado legal alguno. La monarquía británica recibe un trato desdeñoso en ciertas ocasiones por parte de la prensa, pero nadie había antes sugerido en serio que su presencia no fuera válida desde el punto de vista del linaje. Deberían tal vez sentirse agradecidos ante el hecho de que los ocupantes «legales» del trono británico sean, irónicamente, tan antimonárquicos y su postura permanezca por ello libre de amenazas.

Sería interesante, quizá, ver lo que Dan Brown conseguiría con esta historia.

4

El verdadero Saunière y Rennes-le-Château

> *A finales del siglo XIX, el sur de Francia no era un lugar donde poder hacer mucho dinero. Tampoco era un lugar apasionante. Y aun así se convertiría en un centro de actividades tan misteriosas y de repentinas y sorprendentes fortunas que los historiadores todavía se preguntan el porqué de todo ello. El principal protagonista de los acontecimientos que allí tuvieron lugar fue Bérenger Saunière. Un nombre que sonará, y mucho, a los lectores de* El Código Da Vinci.

Dan Brown pone el nombre de «Jacques Saunière» al conservador del Louvre que aparece asesinado al principio de la novela. En el libro no menciona ningún parentesco familiar entre Jacques y Bérenger Saunière. Es poco probable que Bérenger tuviera un hijo (o como mínimo, que ese hijo llevara su apellido), pues fue el sacerdote católico de la parroquia de Rennes-le-Château y, por lo tanto, tenía prohibido el matrimonio.

Rennes-le-Château es un pueblo del sur de Francia, asentado en un promontorio montañoso, a menos de cincuenta kilómetros de Carcasona. Después de que Dagoberto II muriera asesinado el 23 de diciembre de 679, su hijo, Sigisberto IV, se refugió en Rennes-le-Château, pueblo natal de su madre, Giselle de Razès. A escasos kilómetros de distancia se encuentra la imponente montaña de Bézu, donde se localizan las ruinas de un antiguo centro de los Caballeros Templarios. A un kilómetro al este de Rennes-le-Château están las ruinas del castillo de la familia Blanchefort, el cuarto Gran Maestre de los Caballeros Templarios. Los Caballeros Templarios son los llamados «Monjes Guerreros», aquellos que, según una Bula Papal de 1139 emitida por el Papa Inocencio III, debían sólo vasallaje al Papa y, por lo tanto, no tenían ninguna obligación con los reyes y los príncipes. Constituían un imperio internacional autónomo.

El descubrimiento

En 1891, Bérenger Saunière, párroco de Rennes-le-Château, decidió restaurar parcialmente la ruinosa iglesia del pueblo. Había estado consagrada a María Magdalena en 1059 y estaba construida sobre una antigua iglesia visigótica del siglo VI.

Al retirar el altar de piedra, Saunière descubrió que uno de los pilares estaba hueco. En su interior había cuatro pergaminos conservados dentro de dos tubos de madera sellados. Dos de ellos parecían ser genealogías. Uno estaba fechado en 1244 y el otro en 1644.

Los otros dos habían sido escritos en latín por uno de los predecesores de Saunière, el abad Anthony Bigou, sacerdote personal de la importante familia terrateniente de los Blanchefort. Los pergaminos databan de la década de 1780 y parecían ser extractos del Nuevo Testamento escritos en latín. Sin embargo, en uno de los pergaminos las palabras estaban escritas sin espacios y con letras adicionales, a primera vista innecesarias.

En el segundo pergamino, algunas de las letras se elevaban por encima de las demás. El párrafo descifrado que sigue ha aparecido en documentos franceses escritos sobre Rennes-le-

Château, en el libro *Sangre Santa, Santo Grial* de Michael Baigent, Richard Leigh y Henry Lincoln, y en los documentales de la BBC que Henry Lincoln dirigió sobre el tema:

Bergere pas de tentation que Poussin Teniers gardent la clef pax DCLXXXI par la croix et ce cheval de Dieu j'achieve ce daemon de gardien a midi pommes bleues.

Que se traduce como:

Pastora, ninguna de las tentaciones de Poussin, Teniers, guarda la llave: paz 681, por la cruz y este caballo de Dios yo completo (o destruyo) este demonio del guardián al mediodía, manzanas azules.

Más evidente en el segundo pergamino aparece lo siguiente, deletreado en las letras más elevadas:

A Dagobert II et a Sion est ce tresor et il est là mort.

Que se traduce como:

A Dagoberto II, Rey, y a Sión pertenece este tesoro y él está aquí muerto.

Saunière estaba desorientado y no podía comprender los pergaminos, pero pensó que podía haber tropezado con algo importante. Los llevó entonces al obispo de Carcasona. A partir de aquel momento, su vida cambió por completo. Hay especulaciones que sugieren que el Priorato de Sión pudo dirigirle para que encontrara los documentos y actuara en su nombre.

Se le ordenó viajar a París de inmediato, con los gastos pagados por el obispo, para reunirse allí con diversas autoridades destacadas de la Iglesia católica. Pasó allí tres semanas mostrando los pergaminos al abad Bieil, director general de Saint-Sulpice, y a su sobrino, Émile Hoffet. Hoffet acababa de cumplir veinte años, estaba estudiando sacerdocio y era un erudito respetado especializado en lingüística, criptografía y paleografía. Estaba, además, relacionado con grupos de ocultismo frecuentados por los escritores Stéphane Mallarmé y Maurice Maeterlink, y por el compositor Claude Debussy. La famosa cantante de ópera, Emma Clavé, frecuentaba también esos círculos y se dice que mantuvo una relación amorosa con Saunière o, como mínimo, una amistad muy íntima con él. En Rennes-le-Château se encontró una inscripción en una piedra cercana a la «Fuente de los Enamorados» que rezaba «E. Calve», junto con un corazón atravesado por una flecha.

Durante su estancia en París, Saunière compró reproducciones de tres cuadros del Louvre. Uno era *Los pastores de la Arcadia*, de Nicolás Poussin, uno de los pintores mencionados en los pergaminos cifrados. Las otras dos reproducciones eran una obra de David Teniers, el otro pintor mencionado en los pergaminos, y un retrato del Papa San Celestino V (Petro de Morrone), que estaba en el poder en 1294.

Cuando Saunière regresó a Rennes-le-Château, siguió con la restauración de la iglesia y descubrió en ella una cámara sepulcral que, se dice, contenía esqueletos. Prestó también atención al sepulcro de Marie, marquesa d'Hautpol de Blanchefort. El sepulcro había sido diseñado por el abad Anthony Bigou y la redisposición de las letras de la inscripción formaba un anagrama del código mencionado anteriormente que hacía referencia a Poussin y Teniers. Saunière, por algún motivo desconocido, tachó la inscripción, pero no se dio cuenta de que había sido copiada en otra parte. Poco después desarrolló la costumbre de pasear por el campo en compañía de su ama de llaves, Marie Denarnaud, y de recoger piedras de todo tipo. Empezó además, a mantener correspondencia internacional con diversas personas desconocidas y a gastar una enorme cantidad de dinero en sellos.

No es necesario decir que todo ello constituía un comportamiento poco normal en un humilde sacerdote de la campiña francesa. También era extravagante en muchos otros sentidos.

Hoy en día, existe una carretera bien asfaltada que asciende la montaña hasta llegar al pueblo, pero en aquella época un simple camino de tierra era suficiente para las necesidades de sus habitantes. Saunière, sin embargo, pagó para que se construyese una carretera hasta el pueblo. Pagó también la construcción de una torre, la Torre de Magdala, en la cumbre de la montaña. Una de las ventanas de la Torre es alargada y fina y los ladrillos que la rodean forman una Cruz de Lorena.

Hizo construir también una nueva mansión, Villa Betania, que Saunière nunca llegó a ocupar. Lázaro y su hermana María (nombre que algunos consideran como el sinónimo de Magdalena) eran originarios de Betania y éste fue además el nombre que el Priorato de Sión puso a su «arco» en Rennes-le-Château.

Los cambios más destacados de Saunière fueron los que tuvieron lugar en la iglesia en sí, que fue decorada de manera opulenta y estrafalaria. Sobre la entrada del pórtico se colocó la inscripción: «TERRIBILIS EST LOCUS ISTE», que se traduce como: «ÉSTE LUGAR ES TERRIBLE». Tracy Twyman explica en *La venganza de Dagoberto* que:

> *... se trata de una cita del Génesis. Cuando Jacob cae dormido sobre una piedra y tiene una visión de una escalera que sube hasta el cielo, con ángeles que suben y bajan por ella. Es, naturalmente, la misma Piedra del Destino llevada hasta Escocia por José de Arimatea y que se convirtió en la piedra sobre la que es coronada la monarquía británica, incluso hoy. Lo que resulta digno de mención es que debajo de las palabras «Éste lugar es terrible», aparece esculpida el resto de la frase que Jacob pronuncia en el Génesis: «... No es sino la Casa de Dios y la Puerta del Cielo», transformándolo de una maldición a un comentario sobre la naturaleza dual de la divinidad.*

Justo en la entrada de la iglesia, ya en su interior, Saunière colocó una escultura del demonio Asmodeus. Una imagen que pocos esperan encontrar a modo de bienvenida en la entrada de una iglesia. Tradicionalmente, es el responsable de los secretos, el guardián del tesoro escondido y, según la tradición judaica, el constructor del Templo de Salomón. Era conocido como «el Destructor» y el «Rex Mundi», un término cátaro que significa «Señor de la Tierra».

En los muros del interior de la iglesia se pintaron con luminosos colores las diversas Estaciones de la Cruz, aunque en algunas de ellas aparecen incongruencias. La Estación XIV, por ejemplo, representa el cuerpo de Jesús transportado durante la noche, bajo la luz de la luna llena, en las cercanías de una tumba. Podría significar el transporte del cuerpo hasta la tumba durante la noche, varias horas después de lo que la Biblia nos habría hecho creer. Podría, también, significar que lo que sucede es que el cuerpo es sacado de la tumba, quizá porque Cristo estaba vivo como se apunta en otro capítulo de este libro.

En el interior de la iglesia se encuentran también dos esculturas de Cristo, separadas escasos metros, la una situada ligeramente por encima de la otra. No son idénticas. Ambas señalan hacia arriba y la situada en un nivel más elevado parece estar señalando hacia una cúpula que hay sobre la misma, sobre la cual está la Rosa Cruz. La situada en un nivel más inferior sostiene en la mano la autoridad papal y está rodeada por los discípulos. El Cristo superior señala hacia abajo, directamente al situado en un nivel más inferior. Quizá esto quiera sugerir una tradición cristiana alternativa por encima del cristianismo ortodoxo.

A ambos lados del altar se encuentran las estatuas de María y José, ambos representados con el Niño Jesús en sus brazos. ¿Podría uno de ellos ser el discípulo de Cristo, Tomás Dídimo, de quien se cree sería el gemelo de Cristo? Las dos palabras, «tomás» y «dídimo», significan «gemelo».

La pared está recorrida por estatuas de cinco santos cuyas iniciales forman la palabra G.R.A.A.L. (como en Santo Grial) y dispuestas en forma de «M»: San Germán, San Roque, San Antonio de Padua, San Antonio el Ermitaño y San Lucas. Se supone que la «M» haría referencia a «Magdalena», la santa patrona de la iglesia y matriarca de la familia Grial, cuya leyenda tan importante es para el Priorato de Sión.

El motivo predominante en la iglesia es la Rosa Cruz. El símbolo de la flor de lis, el antiguo escudo de armas de la realeza francesa, aparece también por todas partes. Esto refuerza la evidencia de un vínculo entre una familia Grial y la familia real francesa. Esta referencia aparece por vez primera en la revista de Tracy Twyman, *La venganza de Dagoberto*, donde dice que «en los muros de la iglesia aparecía la reveladora señal, una franja amarilla excavada en la piedra, que se utilizaba en aquella época para indicar que alguien de sangre real estaba enterrado en el interior de la iglesia».

Incluso después de finalizar la restauración, Saunière siguió con sus gastos. Poseía una biblioteca magnífica instalada en la Torre Magdala. Hizo construir un naranjal y un jardín zoológico y acumuló valiosas colecciones de porcelana china, tejidos y antigüedades. Sus parroquianos eran obsequiados con suculentos banquetes y recibía visitas de personajes muy bien relacionados. Su visitante más destacado fue el archiduque Johann von Habsburgo, primo de Francisco José, emperador de Austria. Según los registros bancarios, el archiduque le pagó a Saunière sumas de dinero muy importantes.

El número 22 aparece en las renovaciones de Saunière con una frecuencia que supera la coincidencia. Era, de hecho, uno de los códigos secretos de Saunière. Para subir al tejado de la Torre Magdala es necesario ascender veintidós peldaños, y el tejado está rodeado por veintidós almenas. Debajo de la «Torre de Cristal» hay veintidós peldaños más que descienden hasta un sótano no accesible. Al jardín se accede por dos conjuntos de once peldaños cada uno. El símbolo Templario y Masónico de la calavera con los huesos cruzados colocado sobre la puerta que da acceso al cementerio, tiene veintidós dientes. En la iglesia hay inscripciones con errores ortográficos incluidos a propósito de modo que contengan veintidós letras. No existe una explicación para el fenómeno, aunque debe recordarse que los Arcanos Mayores del Tarot están compuestos por veintidós cartas y que el alfabeto hebreo posee veintidós letras mayúsculas.

A pesar de que la iglesia hizo oídos sordos a estos acontecimientos, llegó un momento en el que el obispo de Carcasona se vio obligado a actuar y convocó a Saunière para que explicara su comportamiento. Acusó a Saunière de simonía, es decir, de la venta de sus misas. Saunière se negó sin inmutarse a revelar nada y el obispo le suspendió de sus funciones. Saunière apeló al Vaticano y recuperó el puesto. Entonces, el 17 de enero de 1917, a la edad de sesenta y cinco años, Saunière tuvo una embolia repentina. La fecha es interesante: la misma que la de la muerte de Marie, marquesa d'Hautpol de Blanchefort, la inscripción de cuya tumba borró Saunière. Es además el día de la festividad de San Sulpicio, que aparece una y otra vez en este relato y destaca en *El Código Da Vinci*.

Se dice que Saunière desoyó las instrucciones del Priorato de Sión a finales de 1916. De particular importancia, quizá, es que diez días antes de su muerte, el 12 de enero, Saunière apareció ante sus parroquianos luciendo un buen estado de salud. Pero ese fue el día en que su ama de llaves, Marie Dernarnaud, pasó el pedido de su ataúd. Según algunos, el sacerdote que confesó a Saunière en su lecho de muerte «nunca volvió a sonreír» y se negó a dar a Saunière el tradicional último sacramento del catolicismo romano, la Extremaunción. Saunière murió el 22 de enero. Su cuerpo apareció sentado en un sillón en una terraza de la Torre Magdala. Iba vestido con una túnica adornada con borlas de color escarlata. Los dolientes, que nunca han sido identificados, desfilaron junto a su cuerpo arrancando borlas de la túnica. Nadie ha sido nunca capaz de explicar ese extraño ritual. Para el asombro de todos, la lectura del testamento reveló que Saunière había muerto sin dinero. Poco antes de su fallecimiento, había transferido todo su dinero a su ama de llaves. Es posible que ella fuese siempre quien gestionase el dinero.

Después de la Segunda Guerra Mundial, el gobierno francés introdujo una nueva moneda y todos los ciudadanos se vieron obligados a cambiar los francos viejos que poseían por francos nuevos. Se contabilizaron grandes cantidades de dinero para seguir la pista del dinero «negro» ahorrado por colaboradores, evasores de impuestos y otros. Marie Denarnaud nunca revelaría el origen de su dinero y se la vio quemando grandes cantidades de billetes en los jardines de Villa Betania. Acabó vendiendo la casa a Monsieur Noel Corbu y vivió de las rentas el resto de su vida. Le dijo que antes de morir le contaría un gran «secreto» que lo convertiría en un hombre rico y «poderoso». Desgraciadamente, sobre todo para pena de Monsieur Corbu, el 29 de enero de 1953 ella, igual que Saunière, sufrió una embolia repentina, de la que no pudo recuperar el habla y que la hizo quedar postrada en cama hasta su muerte.

El origen de la riqueza de Saunière

La pregunta evidente que viene enseguida a la cabeza es la siguiente: ¿De dónde venía el dinero de Saunière? El pueblo y sus alrededores habían sido un centro de actividad considerable desde la época en que los celtas calificaron la zona como sagrada hasta la persecución de los Cátaros, en el siglo XI. Durante toda esa época se difundieron relatos que tenían relación con tesoros escondidos y se suponía de los Cátaros que eran los poseedores del «Santo Grial». Se suponía asimismo, que los Caballeros Templarios tenían un tesoro escondido en la zona y Bertrand de Blanchefort organizó excavaciones allí. Los reyes merovingios reinaron en gran parte de lo que hoy es Francia entre los siglos V y VIII, y Dagoberto II, uno de ellos, se casó con una princesa visigoda. Rennes-le-Château fue en esa época uno de los principales centros visigóticos. Los visigodos acumulaban grandes tesoros resultado de sus tareas de pillaje por Europa y, en particular, del saqueo de Roma. Saunière pudo haber descubierto cualquiera de esos tesoros, aunque se especula que la naturaleza de su tesoro pueda ser más secreta. Esto explicaría ciertos factores, como su introducción en la intelectualidad parisina con la ayuda de Hoffet y el intenso interés que la Iglesia sintió por el tema. Podría explicar también por qué el sacerdote se negó a dar a Saunière el sacramento de la Extremaunción, y por qué recibió la visita de, por ejemplo, el archiduque Johann Salvador von Habsburgo.[1] Un tesoro únicamente de valor monetario no habría explicado los códigos que aparecían en los pergaminos ni en la tumba de Marie, marquesa d'Hautpol de Blanchefort. Marie Denarnaud dijo que el secreto que se llevó con ella a la tumba no tenía sólo que ver con dinero, sino con «poder». El dinero que Johann Salvador von Habsburgo entregó a Saunière tenía quizá otro origen. El Vaticano trató con mucha cautela a Saunière durante los últimos años de su vida. ¿Podría ser que el dinero viniese del Vaticano para pagar su silencio?

El misterio se profundiza

Cuando se publicó *Sangre Santa, Santo Grial*, sus autores recibieron una carta remitida por un sacerdote anglicano jubilado que afirmaba estar en posesión de la «incontrovertible verdad» que confirmaba que Jesucristo no murió en la cruz y que podía haber vivido hasta 45 d.C. En el transcurso de una entrevista, explicó que aquella información se la había proporcionado otro sacerdote anglicano, Alfred Leslie Lilley. A lo largo de su vida, Lilley había mantenido contactos con el Movimiento Modernista católico basado en Saint-Sulpice de París y había conocido a Émile Hoffet. Los autores creyeron que esta relación sumaba autenticidad a su afirmación.

Parece ser que Nicolás Poussin, el pintor francés anteriormente mencionado, también estuvo interesado en este secreto. En 1656 visitó en Roma al abad Luis Fouquet, hermano de Nicolás Fouquet, superintendente financiero de Luis XIV

---

1. El archiduque renunció a los derechos de sus títulos en 1889 y se borró de la línea del imperio austriaco.

de Francia. Después de reunirse con el abad, escribió una carta a su hermano. Parte de dicha carta dice: «Él y yo discutimos ciertos temas, que sin problema podré explicarte en detalle... asuntos que te proporcionarán, a través del señor Poussin, ventajas que incluso los reyes querrían obtener de él y que, según él, es posible que nadie más sea capaz de descubrir en los siglos venideros. Y lo que es más, son cosas tan difíciles de descubrir que no hay nada en esta tierra capaz de proporcionar mejor fortuna o de equiparársele». Nadie ha sido capaz de explicar el mensaje críptico de esta carta, pero la realidad es que poco después de recibirla, Nicolás Fouquet fue encarcelado y aislado de por vida. Se ha sugerido que fue el modelo de «El hombre de la máscara de hierro». Toda su correspondencia fue confiscada y entregada a Luis XIV, quien la leyó sólo en privado. Luis XIV hizo todo lo posible para adquirir la obra de Poussin, *Los pastores de la Arcadia*, que mantuvo escondida en sus aposentos privados en Versalles.

Debemos recordar que, durante su estancia en París, Bérenger Saunière compró en el Louvre una reproducción de esa pintura. El cuadro representa una tumba antigua de gran tamaño donde se encuentran tres pastores y una pastora. El escenario es el típico paisaje agreste de Poussin. La inscripción que aparece en la tumba reza: «*Et in arcadia ego*». Se había dado por sentado que el paisaje era producto de la imaginación del artista. Pero en la década de 1970 se descubrió una tumba de verdad idéntica en cuanto a forma, dimensiones, vegetación, paisaje y disposición. Existe incluso, un saliente rocoso que es idéntico a aquél sobre el que los pastores descansan los pies. Cualquiera que se sitúe enfrente de la tumba se dará cuenta de que la vista es exactamente la misma que aparece en el cuadro de Poussin. El pico que sobresale en el fondo de la escena es el de Rennes-le-Château. La tumba se encuentra en las afueras de un pueblo llamado Arques, a quince kilómetros de Rennes-le-Château y a ocho del castillo de la familia Blanchefort. La tumba no tiene ningún detalle que indique su antigüedad. Los archivos del pueblo declaran que las tierras que la rodean pertenecieron a un norteamericano, que abrió el sepulcro en la década de 1920 y lo encontró vacío. El hombre murió en la década de 1950 y fue enterrado posteriormente allí junto con su esposa. Esto nos lleva de nuevo a la inscripción de la tumba del cuadro de Poussin que, al carecer de un verbo, parece no tener sentido. «Et in Arcadia Ego», se traduce como «Y en Arcadia yo...». Sin embargo, un anagrama de la inscripción diría: «I tego arcana dei», que significa: «¡Alejaos! Guardo los secretos de Dios». Quizá el alcalde de Rennes-le-Château estaba en lo cierto cuando dijo a los editores de *La venganza de Dagoberto*: «Este lugar es el centro del mundo».

Geometría sagrada

Dan Brown subraya correctamente en *El Código Da Vinci* la importancia del símbolo del pentagrama. En la década de 1970, Henry Lincoln descubrió en los cinco picos que rodean Rennes-le-Château un pentagrama casi matemáticamente perfecto. Otros monumentos, como las iglesias y castillos del valle del Aude, creaban también una geometría matemática perfecta, formando una red de pentagramas y hexagramas construidos con las medidas regulares de la «Yarda Megalítica». Esta fue la medida utilizada en la prehistoria para la construcción de monumentos megalíticos como los de Stonehenge. Esta geometría parece haber sido puesta allí deliberadamente. Las investigaciones de Lincoln han dado hasta ahora como resultado dos libros, *El lugar sagrado* y *La llave del modelo sagrado*, además de dos documentales en vídeo, *El Secreto: investigando el misterio de Rennes-le-Château con Henry Lincoln* y *La guía de Henry Lincoln de Rennes-le-Château y el valle del Aude*, distribuidos ambos por Illuminated Word. Otro libro, *La isla secreta de los Templarios*, escrito conjuntamente con Erling Haagensen, comenta un modelo similar de geometría descubierto en la isla danesa de Bornholm.

Cuando en una entrevista publicada por la revista *La venganza de Dagoberto*, se le preguntó a Henry Lincoln su opinión sobre los orígenes de esta geometría, dijo que en algún momento de la historia antigua alguien debió percatarse de la configuración pentagonal de las montañas, considerándola sagrada, y luego construyó el resto de la geometría en torno a este concepto. Siguió declarando lo siguiente:

> *La capacidad del homo sapiens va más allá de poder construir un punto elevado artificial para conseguir la geometría perfecta. Basta con observar el tamaño de Silbury Hill, por ejemplo, algo que todos sabemos que está construido por la mano del hombre, o de la Gran Pirámide. De modo que es posible que los puntos elevados que indican el pentágono de montañas se refinaran para conseguirlo, aunque creo que las montañas originales, en su estado natural, estaban ya lo bastante cercanas para que fuese astronómicamente improbable haberse originado por casualidad. Entonces, en torno a la formación natural, la gente empezó a construir un paisaje geométrico. Mil años después, quizá, llegamos a ese período posterior, en el siglo XII, cuando la geometría se dispone en el Báltico. Y está hecho de forma muy consciente, y con mucha, mucha más precisión. Es una evolución de lo que se inició en Rennes-le-Château y que se extiende ahora en Bornholm.*

La figura que proyectan las montañas que rodean Rennes-le-Château es un pentagrama perfecto, la misma figura que traza la órbita de Venus cada cuatro años. Venus está personificado por la Magdalena, a quien está dedicada la iglesia de Rennes-le-Château.

En la misma entrevista, Lincoln repudia el Priorato de Sión como fuente fiable de información y llega hasta el punto de negar la validez de la información que él mismo presentó en *Sangre Santa, Santo Grial* y en *El legado mesiánico*: «No sé de qué va el Priorato de Sión. Todo son rumores. No sabemos ni si existió o no con la forma que sugería el señor Plantard.

Lo único que tenemos son sus palabras... No sé quién es el Priorato».

Lincoln declara que el único aspecto fiable de todo el asunto es la geometría geográfica que rodea Rennes-le-Château y que este descubrimiento se produjo a partir de la geometría oculta en los pergaminos custodiados por el Priorato de Sión.

También es difícil ignorar la teoría de que existe un vínculo entre el linaje Judaico Davídico y los merovingios. Las pruebas que encontramos a lo largo de la historia de la existencia de esta conexión son demasiado fuertes como para ser ignoradas. El Priorato de Sión proclama ser el factor que ha mantenido unidas estas teorías. Más aún, según la propia literatura del Priorato de Sión, sus secretos no se originaron con Cristo, sino en un área que no hemos contemplado: el universo antediluviano. Es la misma conclusión a la que han llegado otros respetados investigadores del misterio de Rennes-le-Château.

Es posible que cuando escribieron *Sangre Santa, Santo Grial* y *El legado mesiánico,* Baigent, Leigh y Lincoln actuaran como portavoces del Priorato de Sión. Ahora que la relación se ha cortado, el mensajero puede haberse puesto en contra de quien lo contrató.

Sea cual sea el caso, Henry Lincoln ofreció una entrevista posterior que aumentaba el misterio. En un programa especial de *Primetime Monday*, de la cadena televisiva ABC News, Lincoln explicaba a la periodista Elizabeth Vargas algo bastante distinto. La entrevista fue como sigue:

Vargas: *De modo que la primera reina merovingia fue inseminada por una criatura marina, por un pez, que, según su teoría, podría simbolizar a Jesús. Por lo tanto, los miembros del linaje merovingio serían descendientes de Jesús.*
Lincoln: Mmmm, ummm.
Vargas: *...y este linaje se vio amenazado por la Iglesia ortodoxa...*
Lincoln: Mmmmm, ummm.

Vargas: ... *y así el Priorato de Sión se fundó para proteger este linaje, el linaje merovingio.*
Lincoln: *Precioso, eso está muy bien. Lo ha conseguido.*

Es evidente que la verdadera naturaleza enigmática del misterio de Rennes-le-Château es algo imposible de ignorar, incluso para personas duras y escépticas como Lincoln.

5

Constantino el Grande

Constantino el Grande está considerado por los cristianos actuales como el intermediario entre el pasado oscuro, pagano y hereje, y la era cristiana, civilizada e informada. La historia que nos ha llegado está plagada de malos entendidos. Pero una cosa es cierta: Constantino mostró una buena disposición hacia los cristianos, igual que su padre Constancio.

Además de ser la primera persona que llevó el cristianismo a Roma, Constantino fue el gran sacerdote de la religión de estado, el Sol Invictus (el Sol Invencible), que veneraba el sol, según explica Dan Brown en *El Código Da Vinci*. En aquella época, era popular en Roma otro culto que también veneraba el sol: el mitraísmo. Este culto fomentaba también la creencia en la inmortalidad del alma, en el Día del Juicio Final y en la resurrección de los muertos. Tanto el Sol Invictus como el mitraísmo, igual que el cristianismo, adoraban a un solo dios. El Sol Invictus se había originado en Siria y había llegado a Roma hacía cerca de cien años. Constantino vio una oportunidad perfecta para fusionar las tres religiones y conseguir la unidad política y religiosa que consideraba vital para su éxito. De forma muy adecuada, el Sol Invictus, el mitraísmo y el cristianismo eran lo suficientemente similares desde diversos puntos de vista como para convertirse en una sola religión.

Constantino vivió en una época en la que el éxito político

era el resultado de la piedad religiosa por lo que, a pesar de su innegable devoción al cristianismo, existía una razón pragmática para que Constantino favoreciera la religión. El número de cristianos en Roma iba en aumento y Constantino los consideraba como un buen apoyo en su lucha por conservar el trono imperial romano y alejarlo de su rival y cuñado, Magencio. El problema quedó solucionado cuando en 312 d.C., Constantino lo derrotó en la batalla del puente Milviano, en las afueras de Roma. Según el obispo e historiador del siglo IV, Eusebio de Cesarea, Constantino tuvo una visión antes de la batalla en la que vio una cruz luminosa en el cielo con la leyenda «*In Hoc Signo Vinces*», que significa «Con este signo, vencerás». El historiador cuenta que Constantino ordenó entonces que los escudos de sus soldados portaran la letra griega *Chi Rho*, el monograma cristiano. Gracias a esta visión, su victoria fue considerada como una victoria del cristianismo sobre el paganismo. Constantino se convirtió entonces en Emperador de Occidente y gobernó conjuntamente con Licinio en Oriente. Una de las primeras cosas que hizo fue ordenar que le trajeran los clavos de la crucifixión de Cristo e hizo colocar uno de ellos en su corona. Poco después de su victoria contra Magencio se reunió con Licinio y en el «Edicto de Milán» resultado del encuentro, acordaron la tolerancia entre cristianos y la restauración de las propiedades que les hubieran sido confiscadas. Constantino acabó derrotando posteriormente a Licinio y rebautizando a Bizancio, la actual Estambul en Turquía, con el nombre de «Constantinopla». En 313 hizo la donación del palacio de Letrán al obispo de Roma y allí se construyó una nueva catedral, la Basílica Constantiniana, hoy San Juan de Letrán.

A partir de este momento, el cristianismo se convirtió en una religión aceptada. Contrariamente a la tradición, Constantino eligió a un colaborador suyo, Silvestre, como siguiente Papa y la costumbre de que fueran los emperadores quienes eligieran a los Papas continuó. Esto marcó también el final de la persecución de los cristianos. A partir de aquel momento, pudieron vivir fuera de la clandestinidad y realizar libremente sus rituales. Pero muchos tenían la sensación de que una atmósfera de tanta opulencia iba en contra de las enseñanzas de Cristo y que la Iglesia empezaba a desviarse de su camino. Algunos cristianos consideraban que se había sacrificado el cristianismo a cambio del éxito de Constantino. Y como para querer dar validez a sus dudas, Constantino confirmó su estatus sagrado proclamando estar patrocinado por el Dios cristiano. Constantino, con la unión del Sol Invictus, el cristianismo, el mitraísmo y ciertos elementos de Siria y Persia, acababa de crear una religión universal («católica») e híbrida.

La visión que tuvo tenía lugar en un templo pagano y era del dios sol, Sol Invictus. Había sido aceptado en el culto de Sol Invictus poco antes. Después de la victoria del puente Milviano, se erigió en Roma el arco de triunfo de Constantino que confirma que la victoria se obtuvo gracias a la intervención de la Deidad, refiriéndose con ello no al Dios cristiano, sino al Sol Invictus.

Según el historiador Eusebio, los Desposyni, descendientes de la familia de Jesús, enviaron una delegación al Papa Silvestre en 318 d.C. Reclamaban para ellos varios obispados, afirmaban que la Madre Iglesia debería ser la iglesia de los Desposyni de Jerusalén y que la Iglesia de Roma debería seguir contribuyendo económicamente a su Iglesia. El Papa Silvestre rechazó sus demandas afirmando que la salvación era cuestión de Constantino, no de Jesucristo. Parece ser que este gélido encuentro fue la última ocasión en que la antigua tradición nazarena mantuvo una comunicación con la Iglesia de Roma, comprometida ya entonces a seguir la tradición paulina.

En 321 d.C., Constantino declaró que los tribunales dejaran de cerrar durante el Sabbath judío y lo hicieran en cambio, el «venerable día del sol», domingo. De esta manera, los cristianos cambiaron su día de descanso del sábado al domingo y se incrementó la distancia que separaba el judaísmo y el cristianismo. Además, hasta aquel momento, el nacimiento de Cristo se había celebrado tradicionalmente el 6 de enero. Esta fecha sigue siendo importante en diversas partes de Europa como el «Día de Reyes». Sin embargo, el cristianismo adoptó el 25 diciembre, festividad del Sol Invictus y del mitraísmo, para sustituir la fecha tradicional del nacimiento de Jesucristo. La festividad mencionada celebraba el renacimiento del sol, el alargamiento de los días resultante de ello y la influencia del sol sobre el mundo. Por lo tanto, todas las sectas celebraban así conjuntamente en la misma fecha. El mitraísmo creía también en otros dogmas importantes de la fe cristiana, como en la vida después de la muerte y en la inmortalidad del alma. Era obligatorio que Jesucristo representara ahora el Sol Invictus, al mismo tiempo que se construían las iglesias cristianas. Se crearon también esculturas del Sol Invictus, que mostraban cierto parecido con Constantino. Al promocionarse, Constantino acabó degradando a Jesús.

De modo que así quedó la Navidad. Sin embargo, no fue hasta el Concilio de Nicea, celebrado en 325 d.C., que se decidió por votación el sistema de datación de la Pascua, quedando establecida en el primer domingo después de la primera luna llena que se produjera después del primer equinoccio vernal del hemisferio norte (21 de marzo). No pudieron acordar una fecha concreta. El festival cristiano vino a sustituir el antiguo festival pagano que llevaba el nombre de la diosa de la primavera Eastre, y que es también la responsable del origen de la palabra que denomina a la hormona femenina: estrógeno.

El Concilio de Nicea fue el primer concilio ecuménico de la Iglesia cristiana y se reunió en la antigua Nicea, la actual Iznic en Turquía. Dan Brown obvia el principal motivo por el que se formó el Concilio: solucionar el problema de la herejía que había surgido debido a la creencia arriana en la Iglesia occidental de que Cristo no era divino, sino un ser humano. El Concilio decidió, una vez más mediante votación, que Jesucristo era un dios, no un hombre. Una decisión que resultó de un valor particularmente elevado para Constantino en su lucha constante por la unidad, ya que Jesucristo como Dios podía ser asociado directamente con el Sol Invictus. Bajo este nuevo acuerdo, Jesucristo sería el representante mortal del Sol Invictus en el caso de que se formularan preguntas incómodas. El Papa Silvestre no asistió al Concilio, sino que envió representantes. Y Constantino personalmente exilió a Arrio, subrayando con ello su papel prominente en cuestiones eclesiásticas.

Los cristianos paulinos seguían esperando la Segunda Llegada de su Mesías y Constantino tuvo que encontrar una manera de manejar esta situación. Concentrándose en el hecho de que Jesucristo había fracasado en su misión de expulsar a los romanos de Jerusalén, Constantino empezó a sembrar semillas de duda sobre la idea de que Cristo fuera en realidad el Mesías. Destacó que había sido Constantino, y no Cristo, quien había provocado la aceptación de los cristianos. ¿No sería él, entonces, el Mesías? Los cristianos que decidieron aferrarse a la idea desaprobada de que Jesucristo era el Mesías fueron expulsados y considerados herejes.

Es necesario comprender que Jesús, como judío devoto, habría sentido repugnancia ante la idea de crear una nueva religión aparte del judaísmo y la habría considerado una herejía. Como veremos en el capítulo 7, dedicado a la realidad y la ficción sobre Jesucristo, cerca de veinticinco años después de la muerte de Jesús se produjo una división en la Iglesia cristiana entre Santiago, el hermano de Cristo, y San Pablo.

Para conservar este status quo, Constantino ordenó la destrucción de todas las obras que contradecían esta nueva religión, incluyendo todos los escritos sobre Jesucristo realizados por autores paganos, e incluso aquellos realizados por autores cristianos carentes de la «perspectiva» sobre cómo debía reescribirse la historia. La tarea se llevó a cabo con celo y eficacia en prácticamente todos los documentos cristianos, especialmente en los que se encontraban en Roma, que desaparecieron para dejar paso a sus sustitutos. En 331 d.C., Constantino aprovechó la oportunidad de llevar a cabo este lavado de cara de la historia y ordenó que se escribieran nuevas versiones del Nuevo Testamento. Los autores tenían libertad para decir todo aquello que sus maestros cristianos consideraran apropiado.

Y todo ello significa que el Nuevo Testamento que tenemos hoy fue reescrito en el siglo IV con el giro político que Constantino consideró deseable en aquel momento. Es como si el presidente de los Estados Unidos ordenara reescribir la obra de Shakespeare para que encajara con su programa político.

Constantino fue aún más lejos. La espera de la llegada del Mesías era una parte importante de la tradición religiosa judaica y la deificación de los monarcas aparecía también en otras civilizaciones, como en Egipto y Roma. Este personaje tendría poderes curativos y solventaría los males del mundo. Esto se aplica, naturalmente, no sólo a la reputación de Cristo que ha llegado hasta nosotros, sino también a la de los merovingios. Para Constantino, sin embargo, el dios cristiano no era más que una perspectiva distinta del conocido Sol Invictus. Para él se guardaba el papel de Mesías y consideraba que Cristo había intentado ser lo que se esperaba de él (y fracasado en el intento): una persona que era guerrero, líder espiritual y unificador de política, religión y territorio. Es decir, alguien como el mismo Constantino. Y presumía de que era capaz de hacer el trabajo mucho mejor.

Sorprendentemente, la Iglesia romana no puso objeciones a esta percepción. Quizá fuera consciente de que la madre de Constantino, Helena, la princesa británica Elaine de Camulod, hija del rey Coel II, era de ascendencia arimatea y, por lo tanto, una Grial auténtica. Constantino, por lo tanto, podía justificar su elevada posición mediante el linaje Merovingio. La Iglesia estuvo además dispuesta a reconocer que el objetivo de un Mesías no era el de ser un salvador bondadoso y humanitario, sino un líder fuerte, potente y militante. A partir de este momento, el fundador del cristianismo tal y como nosotros lo conocemos deja de ser el Jesucristo del siglo I, para pasar a ser Constantino el Grande, del siglo IV. Eusebio estaba también convencido de la calidad casi divina de Constantino y creía, además, que era en realidad el decimotercero apóstol.

Pero esta cortina de humo no es nada en comparación con

la *Donación de Constantino* y los efectos y las repercusiones que su «descubrimiento» ha tenido sobre todos nosotros en el mundo occidental, independiente de que seamos o no cristianos.

Constantino no fue bautizado como cristiano hasta momentos antes de su muerte en 337. Quería ser bautizado en el río Jordán, pero las circunstancias no lo permitieron. Para el acto del bautismo, se despojó de sus prendas imperiales de color púrpura y se vistió con los ropajes blancos del neófito.

La Donación de Constantino

Constantino tuvo el mundo a sus pies, en todos los sentidos de la palabra, una vez fue nombrado Emperador del Sacro Imperio Romano. En el siglo VIII apareció el documento que conocemos como la *Donación de Constantino*. Se supone que desde su elaboración hasta su descubrimiento transcurrieron cuatrocientos años. Considerando sus implicaciones, resulta raro que no se encontrara antes. Su objetivo era confirmar que los Papas eran los representantes de Dios en la tierra. Pero eso no era todo.

La Iglesia romana afirmó que el documento había sido escrito en el siglo IV, presumiblemente antes del fallecimiento de Constantino en 337 d.C., como resultado de la gratitud que el emperador Constantino el Grande sentía hacia el Papa Silvestre por haberle curado de la lepra. Como muestra de su agradecimiento, transfería a la Iglesia todo el poder del Sacro Imperio Romano. Y en ello quedaba incluido el derecho a seleccionar y deseleccionar monarcas.

La Iglesia romana se puso a trabajar de inmediato, implementando la donación en 751 d.C., cuando convirtió a Pipino en el primer rey de Francia. Fue ésta la primera vez que los reyes merovingios fueron depuestos por la Iglesia y sustituidos por sus servidores, los Mayordomos de palacio. La Iglesia ofreció su apoyo a los siguientes monarcas, los Carolingios, muñecos en manos de la Iglesia católica romana. No cabe duda de que los Merovingios sospechaban de la existencia del documento. Al fin y al cabo, Constantino tenía su misma sangre y les maravillaba que hubiera sido tan estúpido cediendo todos los derechos de siglos de linaje. Tendemos también a creer que Constantino debió ceder además todas sus pertenencias reales, pero el Papa, que era un caballero, se negó a aceptarlas.

Ésta fue la manera con que la Iglesia usurpó el linaje real. Desde el punto de vista público, Constantino tenía el derecho de hacer con ello lo que creyera conveniente.

A partir de ese momento, la Iglesia de Roma ascendió con una fuerza meteórica. Toda monarquía europea que llegara al poder lo hacía como resultado de coronaciones llevadas a cabo por representantes de la Iglesia. Todas las leyes decretadas por las monarquías y aprobadas por sus gobiernos existieron en virtud de este documento. El poder de la Iglesia era, por lo tanto, absoluto.

El problema fue, sin embargo, que la *Donación de Constantino* era un fraude y que la Iglesia nunca ha tenido legítimamente el poder para ejercer esos derechos. Y esto es un hecho conocido desde que Lorenzo Valla comprobó su autenticidad en el Renacimiento. Descubrió que las frases del Nuevo Testamento en las referencias que aparecen en la *Donación* provenían de la versión *Vulgata* de la *Biblia* y que no existían antes de dicha versión. La versión *Vulgata* fue compilada por San Jerónimo, que no nació hasta cerca de veinte años después de que Constantino, supuestamente, firmara la *Donación*.

Más aún, el latín con el que está escrita la *Donación* no empezó a utilizarse hasta el siglo VIII. En el siglo IV se utilizaba el latín clásico. Además, las ceremonias que se mencionan en la *Donación* no existían en los tiempos de Constantino. Sin embargo, esto no ha evitado que el mayor fraude de la historia, la *Donación*, siga utilizándose incluso hoy en día.

La Iglesia no perdió en la Edad Media la oportunidad de afirmar su autoridad respaldándose en esta mentira. Una carta del Papa Gregorio IX al emperador Federico II, titulada «*Si Memorium Beneficiorum*», fechada el 23 de octubre de 1236 dice:

> ... *ya que el Vicario del Príncipe de los Apóstoles (el Papa de Roma) gobierna el imperio del sacerdocio y de las almas del mundo entero, debería también reinar sobre las cosas y los cuerpos del mundo entero; y considerando esto, debería gobernar sobre cuestiones terrenales utilizando las riendas de la justicia ya que, como es sabido, Dios le ha responsabilizado en la tierra para hacerse cargo de los asuntos espirituales. El emperador Constantino se humilló con su propio voto y entregó el Imperio para que el Pontífice Romano se encargara de él en perpetuidad con la Insignia Imperial y los cetros y la Ciudad y el Ducado de Roma...*

En Gran Bretaña, y aplicando la *Donación*, eran los arzobispos de la Iglesia de Inglaterra los responsables de las coronaciones. Cuando Enrique VIII se separó de la Iglesia católica romana por exigencias matrimoniales, conservó el derecho de los arzobispos de crear monarcas a través de la coronación y, en consecuencia, perpetuó el fraude a través de todo monarca británico coronado desde entonces. Naturalmente, de entrada, tampoco él debería ser rey y estar allí. Como sabemos por el relato sobre Eduardo IV mencionado en el capítulo 3, ningún Tudor debería ni siquiera haberse acercado a olisquear el trono.

Para llevar el tema a su conclusión lógica, las implicaciones de este fraude son enormes: todas las leyes aprobadas en Gran Bretaña y ratificadas por monarcas equivocadamente coronados por arzobispos, como resultado de la *Donación de Constantino,* serían inválidas.

6

El Santo Grial en Europa

En el capítulo tres nos concentramos en la interpretación del Santo Grial como símbolo de los descendientes de Cristo a través de su esposa, María Magdalena. Hemos explicado con detalle su papel como linaje de las familias reales europeas. Dan Brown le dedica mucho tiempo a esta teoría en El Código Da Vinci. *Pero existe también la creencia de que el Santo Grial es, en realidad, un recipiente de algún tipo y que, posiblemente, debemos considerar un mínimo de dos «Santos Griales» de verdad.*

Tanto hablando de leyendas como de hechos históricos, la búsqueda del Grial ha sido motivación constante, así, en las siguientes líneas, veremos cómo se ubica por mor del fervor, en manos de José Arimatea, los cátaros, los templarios... o quizá sólo sea la justificación de la eterna búsqueda de un bien sobrenatural.

Cuando los celtas llegaron a la Europa Oriental, después de viajar por los Alpes y la Europa central, trajeron con ellos no sólo el hierro, sino también el caballo. Una de sus costumbres era arrojar sus espadas (a las que atribuían poderes mágicos), junto con sus gemas incrustadas, en lo que ellos consideraban lagos sagrados. Se dice que estando moribundo el rey Arturo, uno de sus más íntimos seguidores arrojó a un lago su espada, Excalibur, siguiendo la tradición celta. Se creía que los lagos eran la entrada al inframundo, al reino de la Muerte, que se suponía situado en el centro de la tierra. Se dice que Arturo murió en la isla de Avalon, aunque nadie sabe con certeza dónde está Avalon. Algunos dicen que podría localizarse en Michael's Mount, en la costa sur británica, otros en Mont St. Michel, en la costa francesa. Otra zona podría ser la que rodea Glastonbury, ya que la leyenda dice que Arturo está enterrado allí. El nombre de «Avalon» se asocia con las manzanas, y se dice que Excalibur fue forjada en Glastonbury.

Excalibur le hizo un buen servicio al rey Arturo; podía derrotar a cualquier enemigo que se le pusiera por delante y se dice además que Arturo se convirtió en rey porque fue capaz de arrancar a Excalibur de la piedra en la que estaba clavada. Otra versión de esta historia se refiere alegóricamente a la habilidad de Arturo de extraer hierro de las piedras, una de las artes que los celtas trajeron con ellos.

Además de las espadas sagradas, existen muchas tradiciones antiguas sobre recipientes sagrados, como el «Cuerno de la Fortuna», que supuestamente proporcionaba un eterno suministro de alimentos y comodidades. Este concepto debió resultar atractivo para aquellos que solían sufrir períodos de hambrunas. A lo largo de la historia, ha habido muchos recipientes (tazones, jarras, cálices y calderos) considerados como objetos con poderes sobrenaturales. De modo similar, se creía que el Grial aportaba alimento y salvación.

Según una tradición celta, el rey Arturo y sus hombres emprendieron la búsqueda de un caldero mágico. No fue hasta la Edad Media que la historia perdió su fondo pagano para recibir un significado cristiano. Arturo era un rey popular y se le consideraba el único capaz de derrotar a los escoceses invasores después de la partida de los romanos en el siglo V. Y después de hacerlo, gobernó durante un largo período de paz y prosperidad. En su época, el cristianismo empezó a apoderarse de una Bretaña aún fuertemente influida por el paganismo. Las leyendas de aquella época presentan influencias tanto paganas como cristianas.

Los celtas creían que la naturaleza era divina y que todo lo natural era susceptible de establecer una comunicación con el ser humano. El campo estaba plagado de hadas y elfos que organizaban la suerte del hombre. Los buenos eran recompensados, los malos castigados. Se creía que los guerreros resucitarían el Día del Juicio Final, con excepción de los que habían sido decapitados, el destino típico de todo enemigo capturado.

Uno de los rituales más comunes de la religión cristiana es la comunión, en la que se bebe la sangre de Cristo, representada mediante vino. La base de la versión artúrica de la leyenda es la historia de que el capitán romano, Longino, clavó una lanza en el costado de Cristo mientras estaba en la cruz para asegurarse de que había muerto. Entonces, José de Arimatea recogió la sangre que fluía de la herida en el mismo cáliz que Cristo había utilizado para el vino durante la Última Cena. Se cree que este cáliz sería el Santo Grial. Se dice que luego el cadáver de Cristo fue trasladado a la cripta familiar de José de Arimatea. Cuando los soldados ingleses regresaron a su país en 1274, procedentes de Palestina y después de la Cruzada casi fracasada de Eduardo I, era evidente que la moral inglesa necesitaba un buen empujón. Los caballeros del rey Arturo fueron descritos como simples guerreros en busca de una causa. Y la búsqueda del Santo Grial cumplía a la perfección ese objetivo.

José de Arimatea fue encarcelado por los romanos poco después de la Crucifixión por ser seguidor de Cristo. Se supone que conservó el cáliz y que, una vez liberado, se lo llevó con él en sus viajes a Roma y al sur de Francia, donde vivió durante un tiempo en la provincia del Languedoc junto con María Magdalena y otros discípulos. Se piensa que él se desplazó posteriormente a Inglaterra donde pasó el resto de su vida en lo que hoy es la ciudad inglesa de Glastonbury. La primera iglesia cristiana de Gran Bretaña fue fundada allí, en el punto donde se encuentran las ruinas actuales de la abadía y donde a lo mejor se conservó el Santo Grial. Allí se perdió la pista y allí se inició la empresa del rey Arturo y sus caballeros para dar con él.

Se cree que la búsqueda del Santo Grial por parte de Arturo empezó en un lago (por donde pretendía entrar en el inframundo) cerca de Camelot, si es que Camelot existió en realidad. Inicialmente le fue negada la entrada, pero luego logró convencer a distintos fantasmas y demonios para que le permitieran el acceso. Consiguió entonces robarles su barca. En el caso de existir, debió ser trasladada a los cuarteles generales de Arturo, que seguramente estarían formados por un conjunto de modestas cabañas de madera sin nada que ver con la grandeza palaciega de la versión hollywoodiense. Podrían haberse situado en cualquiera de las localizaciones que se insinúan. Una de las más probables es el fuerte de Cadbury, en Somerset, en el sur de Inglaterra, donde había en el siglo V un asentamiento de gran tamaño. No fue hasta el siglo XI, quinientos años después de la muerte de Arturo, que se despertó el interés hacia él y sus caballeros. Por tradición, siguieron las características de la caballería y se preciaron de crear una sociedad utópica y sin clases. Era una época de honor en la que la comunicación con lo sobrenatural se consideraba posible. El rey Arturo y sus caballeros eran un recordatorio de Cristo y sus discípulos. Pero la corte artúrica acabó dividiéndose por el amor que Lancelot sentía por la esposa de Arturo, Ginebra. Ella fue condenada a muerte y Lancelot desterrado. Los remordimientos acabaron consumiendo a Lancelot, quien entró en un monasterio donde acabó pasando el resto de sus días.

La Edad Media fue un período donde el sentimiento de piedad abundaba y fue la época en la que se iniciaron las peregrinaciones. Una de las mayores peregrinaciones cristianas actuales, la de Santiago de Compostela, se inició en esta época y en la ruta se fundaron muchas pequeñas iglesias que hoy todavía están vigentes. Cerca de 1200, la Iglesia aceptó la idea de la Transubstanciación, es decir, la conversión del vino en la sangre verdadera de Cristo. Chrétien de Troyes escribió en esta época sus romances sobre el Grial, creando con ello una historia cristiana para un concepto pagano.

No todo el mundo estaba de acuerdo en la evolución que estaba experimentando la Iglesia católica. Los Cátaros, que abogaban por una vida de pobreza y sencillez, rechazaron la opulencia característica de la Iglesia de la época. Siguiendo un estilo de codificación muy similar al de Dan Brown, preferían pensar en su Iglesia como *Amor* y no como *Roma*. El Papa inició una persecución contra los Cátaros y fueron sitiados en Montsegur, en el sur de Francia, donde se cree que conservaban el Grial, entre otros tesoros, aunque no existen pruebas claras que así lo sugieran. Consiguieron sacarlo todo de la ciudad clandestinamente antes de que se iniciara el sitio de dos semanas, que terminó con muchos de ellos quemados vivos.

Se cree que el Santo Grial permaneció en Italia durante trescientos años, conservado por el monje San Lorenzo, diácono de la Iglesia de Roma. Se cree que lo hizo trasladar por dos soldados españoles a su ciudad natal de Huesca, en los Pirineos, hacia finales del tercer siglo. Su vida terminó de forma desagradable: fue asado en una parrilla pocos días después de que su amigo, el papa Sixto II, fuera ejecutado. El Grial fue conservado en la iglesia de San Pedro el Viejo hasta 711. En el claustro románico existen diversos ejemplos de imaginería del Grial, destacando un ángel que le pasa una copa a Jesús.

Wolfram von Eschenbach, que murió en 1230, está generalmente considerado como el mayor poeta narrativo alemán. Uno de sus trabajos más destacados fue *Percival*, que posteriormente fue el tema de la ópera de Richard Wagner, *Parsifal*. Una de sus principales fuentes de inspiración fue la obra de Chrétien de Troyes y otro material que Wolfram dijo haber conseguido a través de Kyot de Provenza. Kyot pudo basar sus historias en los relatos que había escuchado en España, donde había filósofos tanto musulmanes como judíos, y en Toledo en particular, centro de ciencia y literatura de la época. Wolfran afirmaba que el Grial era una piedra con poderes mágicos y que, como el Cuerno de la Fortuna, ofrecía un suministro constante de alimento y eterna juventud.

El rey Alfonso I de Aragón y Navarra solía desplazarse a San Pedro el Viejo de Huesca para sus momentos de contemplación. El nombre de Alfonso está intrínsecamente relacionado con el nombre latino Anfortius, y está claramente conectado con el rey del poema: Anfortus. Es probable, por lo tanto, que Alfonso sirviera como modelo para el personaje del Rey Grial. Al final de su vida, se retiró en San Pedro el Viejo, donde resultó fatalmente herido. Del mismo modo, en la leyenda del Grial, el rey Grial Anfortus esperó herido en su castillo la llegada de Percival. Es probable que el primo de Alfonso, el conde español de Perche de Val (1100-1144) fuera el modelo para el personaje de Percival.

Los Caballeros Templarios tienen la reputación de haber sido los conservadores del Grial. Se decía que el castillo Grial sólo era visible estando en estado de gracia y que, de lo contrario, se tornaba invisible para la vista. No son precisamente éstas las características habituales de los castillos, de los que tradicionalmente se pretendía que fuesen llamativos, dominantes y construidos en un terreno elevado para dominar el territorio a su alrededor. El concepto de un castillo escondido habría resultado difícilmente asimilable por una mentalidad medieval.

Sin embargo, existe en España un lugar perfectamente escondido que encaja con la descripción: el monasterio de San Juan de la Peña. Se considera que el monasterio se construyó en el territorio sagrado donde se originó la región española de Aragón. En las tumbas de su enorme cementerio abunda el símbolo del áncora, presente en el escudo de armas de Percival. Debido a la amenaza que representaban los musulmanes, se supone que en la época fue necesario trasladar constantemente el Grial de un lugar a otro en los Pirineos. El monasterio de San Juan de la Peña es uno de los lugares donde se guardó el Grial y de allí fue trasladado donde se cree que se encuentra ahora.

En el Registro Real de la Biblioteca de Barcelona, hay un apunte que habla de una abadía fortificada y del regalo que dicha abadía recibió. El regalo se describe mediante una frase medio en castellano, medio en latín, «*calice lapideum*», es decir «cáliz de piedra», y se refiere al mismo que se dice estaba en la capilla de San Juan de la Peña, construida en forma de templo. El Grial se conservaría en una de las bóvedas excavadas en la piedra o en el mismo altar. Esta capilla es la estancia que Percival andaba buscando y se describe como una capilla en el interior de un castillo. La historia de Percival nos dice que cuando éste llegó allí, vio la procesión en la que la Doncella Grial llevaba el Grial al Rey. Detrás de ella iba un portador con la lanza que Longino utilizó en el costado de Cristo, que por arte de magia seguía sangrando por el extremo. Les seguía una portadora femenina que llevaba la bandeja en la que se había presentado la cabeza de Juan Bautista.

Algunos lectores recordarán un libro titulado *La lanza del destino*, de Trevor Ravenscroft, que dice ser un relato histórico de la ascensión de Hitler al poder basándola en su creencia sobre los poderes mágicos de la lanza de Longino. La creencia se construye sobre la premisa de que Longino, que clavó la lanza en el costado de Jesús, tuvo en sus manos el futuro del mundo durante un breve período de tiempo. Se sabe que Carlomagno llevaba con él esta lanza en las batallas a modo de talismán de la buena suerte. Sin embargo, aconsejamos abordar la historia con cierto escepticismo.

El lugar final de reposo del supuesto Santo Grial (donde podemos verlo actualmente) es en una capilla lateral de la catedral de Valencia. A pesar de que la Iglesia católica nunca lo ha reconocido como una reliquia sagrada, lo reconoce como el cáliz bendecido por Cristo en la Última Cena y que fue utilizado por los Papas de Roma hasta que San Lorenzo lo trasladó a España. Se conserva actualmente detrás de un cristal blindado. El rey de Navarra se llevó el Grial a la catedral de Valencia el 18 de marzo de 1437, y allí ha permanecido desde entonces, exceptuando dos breves períodos, durante la guerra de la Independencia contra Francia y durante la Guerra Civil española, en los que fue retirado por motivos de seguridad.

Su base de oro puro está decorada con veintiocho perlas, dos piedras preciosas de color rojo y dos esmeraldas. Su altura es de cinco centímetros y medio, el diámetro de nueve centímetros y medio, y su grosor es de tres milímetros. Contando la base, mide diecisiete por catorce centímetros y medio. El eminente arqueólogo Antonio Beltrán dice que el Grial que hoy vemos fue fabricado en San Juan de la Peña, probablemente por orfebres bizantinos. La parte superior del cáliz viene de Oriente Medio y fue fabricada en Alejandría o en Antioquia. Beltrán afirma que no cabe duda de que el cáliz fue fabricado en algún momento entre la última mitad del último siglo antes de Cristo y la primera mitad del primer siglo después de Cristo. Estas fechas corresponden exactamente a la época de Cristo.

Antonio Beltrán explica que el verdadero Grial es la base de piedra de la composición. En esta parte, que forma el pie del recipiente, existe una inscripción en árabe que nadie ha sido capaz de traducir con completa seguridad. Entre las diversas interpretaciones destacan: «Para el que da esplendor», «Gloria a María», «El piadoso» (que es la forma que los árabes emplean para referirse a Alá) y «El próspero». Según algunas leyendas, la inscripción *Lapis excillis* aparecía a veces en él.

Quizá nunca conoceremos la verdadera identidad del Santo Grial, pero es probable que este pequeño y bello objeto que hoy podemos ver sea realmente la copa que utilizó Cristo hace dos mil años y que ha sentado la base de tanta mitología y romanticismo en el mundo occidental. El Santo Grial sigue intrigándonos; forma parte de nuestro tejido cultural e, incluso la misma expresión, tiene un sentido coloquial que significa «ir detrás de alguna cosa». La búsqueda del Santo Grial, entonces, no implicaba únicamente el descubrimiento del objeto físico en sí, sino la identificación de qué es el Grial y qué significa.

7
Jesucristo: los hechos y la ficción

> *Cerca de veinticinco años después de la crucifixión de Cristo, se produjo un cisma entre los movimientos que iban a constituir lo que conocemos como el cristianismo actual. Imperó sobre todos la versión del cristianismo de San Pablo en las normas y cultos religiosos de mayor aceptación. En la actualidad, no existen restos ni escritos de los otros movimientos que, de hecho, fueron los que siguieron la familia y los amigos de Jesucristo.*

Pablo nació en Turquía. Sus padres eran ricos y judíos. Era también ciudadano de Roma, que ocupaba Palestina en aquella época. Estos fueron elementos cruciales en la evolución y el éxito de su versión del cristianismo.

El líder del movimiento de Jesús era Santiago, del cual se supone era el mayor de los cuatro hermanos de Jesús. A pesar de su fuerte relación con Jesús, Santiago no aparece por ningún lado en la narración de la vida de Cristo que realiza el Nuevo Testamento y aparece sólo después de su muerte. Era lo más judío ortodoxo que se pudiera ser. Se decía que, de tanto rezar, le salieron «rodillas de camello». Al morir Jesús, se convirtió en la cabeza de la Iglesia de Jerusalén.

Pablo persiguió cristianos hasta que en el camino hacia Damasco tuvo su visión de Cristo. Este hecho lo posicionó para convertirse en uno de los principales líderes cristianos. Sin embargo, a diferencia de San Pedro, que era un fiel discípulo de Jesús, fundador de la Iglesia Católica romana y primer obispo de Roma, Pablo nunca llego a conocer a Jesús. Pero a pesar de ello, estaba convencido de que *sus* perspectivas sobre el cristianismo eran correctas. ¡Al fin y al cabo, había recibido su mensaje espiritualmente y a través de una visión, mientras que Santiago y el resto de la familia sólo habían conocido personalmente a Jesús! Pablo pensó que, en compensación por haber perseguido anteriormente cristianos, consagraría el resto de su vida a difundir la palabra de Jesús por el mundo.

Desgraciadamente, sus ideas entraron en conflicto con las de Santiago. No estaban de acuerdo ni en el nacimiento de Jesús, ni en su mensaje ni en si era o no divino.

Después de la muerte de Jesús se produjo un importante debate sobre la identidad verdadera de Cristo, como hemos visto en el capítulo 5, dedicado a Constantino el Grande, los arrianos (dirigidos por Arrio) creían que era simplemente un hombre que había nacido de una mujer de la manera normal. Acabaron exiliados por esta herejía. Jesús no fue sólo el curador y el obrador de milagros de su época, sino también el único que hablaba del reino de Dios. Cuando Jesús le pregunta a Pedro quién cree que es Jesús, Pedro le responde que Jesús es el Mesías. Para Pedro esto significaba que Jesús era el rey, el que había sido uncido como todos los reyes descendientes del linaje Davídico. Reconocía que el papel de Jesús era liberar a los judíos de los romanos y crear un reino de los cielos en la tierra. El significado de la palabra Mesías en el siglo I era bastante concreto y se entendía como aquél que derrotaría a los enemigos de Dios y traería de nuevo la justicia de Dios. La palabra Mesías proviene del egipcio antiguo. Los egipcios utilizaban grasa de cocodrilo, símbolo de la potencia sexual, para uncir a sus reyes. La palabra egipcia para «cocodrilo» es «*messeh*».

Santiago consideraba que Pablo estaba destruyendo la bondad inherente en el mensaje. Pablo había permitido que los gentiles (no judíos) se unieran a su movimiento y no respetaran la ley judía. Por ejemplo, Santiago creía que los gentiles deberían observar dogmas tan fundamentales como comer sólo carne kosher (especialmente preparada para el consumo de los judíos) y la circuncisión. Pero según la doctrina fomentada por Pablo, no estaban obligados a hacerlo.

Cerca del año 50 d.C., la disputa llegó a un punto en el que era necesario encontrar una solución. Santiago y Pablo se reunieron para discutir sus diferencias. Santiago insistió en que los gentiles debían comer carne kosher siempre que estuvieran en presencia de judíos. Pablo se sintió indignado y lo consideró como una intrusión contra su libertad y la de sus seguidores. Llamó a Santiago y a sus seguidores «enemigos de la Iglesia». Finalmente, Pablo, de quien todos los relatos destacan su tendencia al histerismo, llegó a un compromiso: que el Movimiento de Jesús seguiría siendo judío en principio, pero que los no judíos tendrían permiso para comer carne que no fuese kosher y no someterse a la circuncisión.

Durante los años que siguieron, Pablo siguió comunicando su mensaje a los gentiles por todo el Imperio romano. Prometió aislar la facción del movimiento liderada por Santiago.

Entonces Santiago empezó a oír historias sobre Pablo.

Furioso, en 58 d.C., Santiago citó a Pablo en Jerusalén. Pablo llevaba mucho tiempo sin regresar por Jerusalén y podemos imaginar su aprensión ante el peligro potencial que el viaje suponía. Debido a ello, llegó bien preparado con una contribución económica importante. Pero Santiago no se dejó influir por esto. Despreció enfadado la oferta de dinero de Pablo y lo acusó de animar a los judíos a romper la ley judía, pues les había dicho que ya no tenían obligación de observarla. Pablo fue incapaz de negar las acusaciones, pero intentó garantizarle a Santiago su lealtad. Santiago, ingenuamente, le pidió a Pablo que lo demostrara acudiendo al Templo y sometiéndose a las ceremonias de purificación. Pablo debió frotarse las manos ante lo que le parecía una salida muy fácil, de modo que se mostró de acuerdo de inmediato. Mentiroso y manipulador hasta el final, admitió libremente en una de sus cartas que para todos los hombres podía serlo todo: «Soy griego para los griegos, judío para los judíos, guardián de la ley para el guardián de la ley, y haré todo lo que tenga que hacer con tal de ganar.»

Otros judíos no fueron tan crédulos como Santiago y reconocieron la hipocresía de Pablo. Se sublevaron en señal de protesta y en el caos posterior, Pablo jugó el as que tenía guardado en la manga declarándose ciudadano romano. Esto significaba que los soldados romanos estaban obligados a rescatarlo de las garras de la rabiosa chusma.

Todas nuestras percepciones sobre Jesús están extraídas de la información que se nos ha transmitido directamente a partir de este hombre, Pablo, y han sido filtradas a través de él. Influyó sobre la redacción de los cuatro evangelios con un giro decididamente político, dando la sensación de que el patriotismo judío era algo inexistente. La mayoría de los eruditos cree que los Evangelios surgieron concretamente a partir de las epístolas paulinas, y que fueron todos ellos escritos después de la muerte de Pablo. Según el ensayo de Mohd Elfie Nieshaem Juferi, *La influencia de las epístolas paulinas sobre los evangelios del Nuevo Testamento: Estudio y crítica*, «Pablo se supone también autor de las Epístolas a los Romanos, 1 y 2, Corintios, Efesios, Galateos, Filipenses, Colosianos, 1 y 2, Tesalónicos, 1 y 2, Timoteo, Tito, Filemón y Hebreos». Esto significaría que escribió todo el Nuevo Testamento exceptuando los Evangelios, basados todos ellos en sus escritos.

Los romanos apenas aparecen mencionados en los Evangelios... curioso, teniendo en cuenta que en la época había una importante resistencia judía contra ellos y su presencia. Sin embargo, debemos tener en cuenta que la palabra «evangelio» significa «buenas noticias», algo que podría interpretarse también como «propaganda». La intención de Pablo fue crear una religión que no fuese judía y fuese inofensiva, comestible y digerible en todo el Imperio romano.

En la época de Jesús, Palestina era un hervidero sujeto a los terribles horrores de la ocupación romana. Los romanos la habían invadido cerca de sesenta años antes del nacimiento de Jesús y habían castigado la insurrección judía con miles de crucifixiones. En 66 d.C., los judíos llevaron a cabo una rebelión a gran escala contra los romanos, una lucha que se prolongó hasta casi 74 d.C. En Masada, en el extremo suroeste del Mar Muerto, novecientos sesenta hombres, mujeres y niños judíos se suicidaron después de soportar el sitio de los romanos hasta mucho después de que el resto de Palestina hubiera sido sometida. La zona de Galilea, tierra natal de Jesús, estaba gobernada por Herodes Antipas, un déspota cruel y sádico. Los únicos judíos que prosperaron fueron los colaboradores. Los campesinos judíos vivían en la más total pobreza y con un miedo terrible. Los rollos del Mar Muerto descubiertos en Qumran en 1947 son tremendamente comprometidos e indican el deseo de erradicar a los romanos en todo su Imperio.

Según la versión paulina de la historia, Jesús no era un hombre, sino el hijo de Dios. Por lo tanto, era necesario escribir de nuevo la historia real e indicar que había nacido de una virgen. Mateo escribió su evangelio basándose en la profecía del Libro de Isaías: «¡Mirad!, una virgen concebirá y dará a luz un niño». Mientras tanto, de forma muy inconveniente, Santiago, el líder de la hoy desaparecida Iglesia de Jerusalén, seguía relatando a cualquiera dispuesto a escucharlas, historias sobre su infancia normal con Jesús en el hogar de la familia.

La facción paulina reconoció la importancia de difundir la historia de que Jesús había nacido en Belén, pues era allí donde había nacido David y donde se había profetizado que surgiría el siguiente Mesías. Era necesario encontrar un motivo por el que María y José estuvieran en Belén en el momento del nacimiento. El Nuevo Testamento nos explica que María y José estaban allí porque en aquel entonces se estaba creando un censo romano. Dicho censo no está registrado en ninguna parte. También es dudoso que Jesús fuera de Nazaret, ya que no aparecen datos que confirmen la existencia de una ciudad con ese nombre en aquella época. La confusión pudo surgir a partir del nombre de la secta *Nazarena* o *Nazarita* de la que José era miembro. Además, la palabra en árabe moderno para definir al «cristianismo» es Nasrani y los cristianos se denominan *Nasara* o *Nazara*.

Sin duda alguna, el verdadero Jesucristo era una figura muy distinta a las imágenes que han llegado hasta nosotros procedentes del campo paulino. Era un revolucionario cuyo objetivo era expulsar a los romanos de su tierra. Sus conceptos de religión y política se unieron para alcanzar dicho objetivo.

Después de que Juan Bautista fuese ejecutado, Jesús reclutó a sus propios discípulos. Entre ellos estaba María Magdalena, que estaría a su lado para el resto de su vida. Los evangelios dicen que fue ella quien acudió a la tumba de Jesús para uncirlo. El debate sobre si era en realidad su esposa queda cubierto en el capítulo 8, pero ahora deberíamos decir que sólo una esposa tenía el permiso para llevar a cabo este proceso.

Pablo no reconoció que el papel de Jesús como Rey era liberar a los judíos de la carga que suponían los romanos. Para él, la palabra «Mesías» significaba que Jesús era el hijo de Dios que había descendido a la tierra para morir en la cruz y así redimir al hombre. Jesús no habría cumplido el papel de Mesías que se esperaba de él liberando a su pueblo de la opresión, sino que redefinió el término mediante su resurrección. Sus seguidores creían que sólo Dios podía ser responsable del milagro de la resurrección. Y esto hizo que el término «Mesías» adoptara el significado de alguien que era divino.

Todo el asunto del Mesías era realmente explosivo. Los romanos habían abolido la monarquía judía y, en consecuencia, cualquiera que diera pistas de afirmar ser el Rey de los Judíos estaba infringiendo una ley romana a su más alto nivel.

Jesús entró en Jerusalén a lomos de un asno, tal y como todos los reyes del linaje Davídico habían hecho para asistir a su coronación desde la época del rey Salomón. La costumbre no sólo servía para indicar la humildad del rey, sino que además era una señal de que no era un monarca que gobernase, sino un servidor de la verdadera tradición mesiánica (posteriormente merovingia).

Una vez más, siguiendo la tradición, Jesús entró en Jerusalén el Día de Ramos. Siguiendo estas tradiciones, Jesús no dejaba lugar a dudas sobre cuáles eran sus intenciones. Poncio Pilato, el prefecto romano, no era el gobernador benigno que el Nuevo Testamento querría hacernos creer. Gobernó implacablemente con mano de hierro y debió apreciar lo explosiva que potencialmente era la situación.

Cuando Jesús entró en el Templo e hizo volcar las mesas de los usureros, no lo hizo como un ataque contra los judíos. Los responsables del Templo eran los romanos, aunque fuera la Casa de Dios por lo que a los judíos se refería. Lo que aquello representaba era la colaboración existente entre romanos y algunos judíos. El ataque fue, por lo tanto, un ataque contra los romanos. El incidente alarmó a las autoridades romanas que se percataron de que los problemas que estaba provocando Jesús se les iban de las manos.

Otro de los malentendidos que se nos ha hecho llegar es la supuesta traición de Jesús por parte de Judas. Cometer esa traición habría resultado autodestructivo para Judas, ya que habría subrayado el hecho de que era un discípulo de Jesús. El motivo por el que fue elegido para representar este papel es la íntima asociación que su nombre tiene con el pueblo judío acusado de ser responsable de la condena de Jesús, una estratagema antisemítica.

El Nuevo Testamento nos dice que, en primer lugar, Jesús fue juzgado por los sacerdotes judíos por haber cometido la blasfemia de autodenominarse hijo de Dios. Luego fue juzgado por los romanos por subversión y los judíos convencieron a Poncio Pilato para que lo ejecutase. Bajo el punto de vista del Nuevo Testamento, fueron los judíos quienes conspiraron contra Jesús. Eso va estrepitosamente en contra no sólo de la historia, sino también de la lógica. Los romanos ejecutaban a sus víctimas mediante la crucifixión, mientras que el castigo judío para la blasfemia, de la que tendemos a creer que lo encontraron culpable, era el apedreamiento. Uno de los objetivos de la crucifixión era dejar colgados los cuerpos para que los buitres y los perros los comieran como si fuesen carroña, un acto de representación visible de la justicia romana. Esto significaba también, naturalmente, que no eran necesarias tumbas y que ni siquiera se utilizaban. De hecho, de las miles de víctimas que murieron crucificadas en aquella zona y en aquella época, sólo se ha descubierto un esqueleto con signos de haber sido crucificado. Según el Nuevo Testamento, el caso de Jesús sería una excepción a la regla.

El aspecto más significativo de la vida de Jesús, en lo que a Pablo se refería, era su muerte y su resurrección. Por lo tanto, escasean los detalles sobre su vida y la tradición paulina no tuvo que pasar por la prueba del tiempo para poder ser desplegada. Por otro lado, para la Iglesia de Jerusalén, la muerte de Jesús fue un signo de fracaso. Sin embargo, los seguidores de Jesús creyeron en su resurrección y, por lo tanto, en que no estaba muerto. Bajo su punto de vista, él seguiría adelante con su trabajo para liberarlos y reconvertir la tierra en el reino de Dios. En el judaísmo no hay lugar para que un hombre sea considerado divino.

A medida que la historia de Pablo iba ganando aceptación, Santiago y los demás miembros de la Iglesia de Jerusalén fueron dejados de lado. Hacia el siglo II desarrollaron una pequeña secta conocida como los Ebonitas y fueron considerados herejes.

La iglesia paulina está reconocida como la precursora de todas las diversas denominaciones del cristianismo actual. Irónicamente, se trata de un ejemplo de dos mil años de antigüedad del darwinismo y del principio «no cristiano» de la supervivencia del más fuerte. El Nuevo Testamento no ha llegado intacto hasta nosotros. Algunos evangelios fueron descartados por no encajar en la «línea oficial» del cristianismo. Los evangelios originales de Mateo, Marcos, Lucas y Juan fueron traducidos y reescritos según la moda y los caprichos políticos de la época. Existen cerca de cinco mil versiones manuscritas del

Nuevo Testamento y ninguna de ellas es anterior al siglo IV. Pero todavía hay quien cree a pesar de que el antiguo mango y la antigua hoja del hacha del cristianismo han sido sustituidos una y otra vez, que seguimos viendo el original histórico, por mucho que se haya demostrado que no es cierto.

8

¿Estuvo casado Jesús?

> *Una de las principales preguntas que surge en* El Código Da Vinci, *es si Jesús estuvo o no casado. Su matrimonio, de hecho, forma la base de toda la teoría merovingia, de modo que resulta crucial formarse una opinión en un sentido u otro.*

Como Dan Brown declaró en el programa *Primetime Monday*, de la cadena ABC, no existe ningún lugar en la Biblia en el que se diga que María Magdalena fuera una prostituta. La confusión ha surgido porque se la menciona justo después de un relato sobre una prostituta. La historia cobró credibilidad en 591, cuando el papa Gregorio el Grande declaró en su sermón de Pascua que María Magdalena y la prostituta eran la misma mujer. El Vaticano corrigió esta afirmación en 1969. Gregorio el Grande afirmó también que María Betania y María Magdalena eran la misma mujer.

En la Biblia no se dice que Jesús estuviese casado. Sin embargo, es prácticamente seguro que el hecho se hubiese mencionado *en el caso de que no lo hubiera estado*. Para un padre era tan importante su deber de asegurarse que su hijo se casara al llegar a cierta edad, como el de asegurarse de que fuera circuncidado poco después de nacer. Más aún, el heredero del trono davídico estaba obligado a casarse por requerimiento legal.

Las reglas que gobernaban los matrimonios dinásticos, como habría sido el de Jesús, diferían en mucho de las que seguía el pueblo judío en general. El único motivo de existencia de la relación sexual era la procreación y todas las costumbres relacionadas con el matrimonio y el sexo estaban estrictamente reguladas. Laurence Gardner profundiza con detalle en este tema en *El linaje del Santo Grial*. Había un período de compromiso que se prolongaba tres meses y un Primer Matrimonio con unción que tenía lugar en septiembre. Esto marcaba el principio del período de los desposorios. Pero la relación sexual no estaba permitida hasta la primera mitad de diciembre del mismo año. Esto servía para garantizar que si nacía un bebé éste lo hiciese en septiembre, el mes de la Expiación. Si la relación daba como resultado una concepción, el matrimonio quedaba legalizado mediante un Segundo Matrimonio que tenía lugar el mes de marzo siguiente. Si la concepción no se producía, la relación sexual sólo podía reemprenderse el mes de diciembre siguiente. Hasta la celebración del Segundo Matrimonio, la mujer estaba considerada como una *almah*, o «mujer joven», sin ninguna connotación sexual. Se interpretaba también como «virgen», queriendo decir, evidentemente de forma incorrecta en este caso, «virgo intacto». En el momento de la celebración del Segundo Matrimonio, en marzo, la novia estaría embarazada de tres meses. El motivo de este retraso de tres meses era permitir la posibilidad de que se produjera un aborto. Significaba asimismo, que el esposo podía echar marcha atrás en el matrimonio en el caso de que la mujer demostrase ser estéril. Dejando aparte el mes de diciembre, en el que estaban permitidas las relaciones sexuales, maridos y mujeres hacían vidas separadas.

En el momento en que se separaban, la esposa estaba considerada como *viuda*, un rango por debajo de la *almah*. Se le exigía llorar por su esposo, tal y como se describe en Lucas 7:38: «ella permaneció a sus pies, detrás de él, llorando, y se puso a lavarle los pies con sus lágrimas.» Si Cristo hubiera sido concebido durante este período de «viudedad» (y parece ser que fue concebido en algún momento antes de que el matrimonio entre María y José se hubiera completado), se convertiría en el «hijo de una Viuda». Así es, naturalmente, como Hiram Abiff es mencionado en la masonería, como es mencionado Percival en las leyendas del Grial y como es mencionado Horus en la mitología egipcia.

Uno de los ungüentos aromáticos utilizado en los ritos del matrimonio era el nardo, utilizado por María de Betania, conocida también como María Magdalena, para ungir a Jesús. Le ungió la cabeza en la casa de Simón Zelotes, más conocido como Lázaro. En junio del año 30 d.C., ella le ungió los pies con nardo durante el banquete de las bodas de Canaan.

Juan no menciona el rito de la boda en sí, sólo el banquete. Entre los invitados estaban los discípulos y los «sucios» gentiles. Parece estar claro que el novio en esta ocasión era Jesús. Cuando surgió el incidente de la falta de vino, la madre de Jesús ordenó a los criados que hiciesen todo lo que él les dijese que hiciesen. Sería cuestionable que se le concediera este derecho a un invitado a una boda. La ceremonia tendría lugar el siguiente mes de septiembre. María Magdalena ungió de nuevo los pies de Jesús en marzo del año 33 d.C. y los secó con su cabello. La única persona que tenía permiso para ungir con nardo era una novia mesiánica y las únicas ocasiones en que le estaba permitido era durante las ceremonias del Primer y el Segundo Matrimonio.

Los reyes egipcios tenían la costumbre de casarse con sus hermanas. Los reyes de Judea no siguieron esta práctica, pero consideraban que la sucesión real seguía la línea femenina. Juan Bautista era del linaje masculino Zadok y las esposas de este linaje siempre adoptaban el título de Elisheba (Elizabeth). Las esposas del linaje Davídico, al que pertenecía Jesús, adoptaban el título de María. Esto explica por qué tanto la madre como la supuesta esposa de Jesús se llamasen María.

En uno de los Evangelios Gnósticos, el Evangelio de Felipe, que la Iglesia cristiana reprimió y que Sir Leigh Teabing (cuyo nombre es un anagrama del nombre de los autores de *Sangre Santa, Santo Grial*, Leigh y Baigent) de *El Código Da Vinci* considera «siempre un buen lugar por donde empezar», queda descrito el cariño entre María Magdalena y Jesús, como nos cuenta Dan Brown:

> *Y la compañera del Sabio es María Magdalena, pero Cristo la quería a ella más que a todos sus discípulos, y solía besarla en la boca a menudo. El resto de los discípulos se sentían ofendidos por ello y expresaban su desaprobación. Le decían: «¿Por qué la quieres a ella más que a nosotros?». El Sabio respondía y les decía: «¿Por qué no os quiero a vosotros como a ella?... Grande es el misterio del matrimonio, porque sin él el mundo no habría existido. Ahora la existencia del mundo depende del hombre, y la existencia del hombre, del matrimonio».*

Los besos en la boca eran una práctica reservada exclusivamente a los casados. Lo que el señor Brown no menciona es que en el Evangelio de Santo Tomas, cuando Pedro dice: «las mujeres no merecen vivir», Jesús le responde: «Yo, personalmente, la guiaré para convertirla en hombre... porque toda mujer que se convierta en hombre entrará en el Reino de los Cielos.»

La Iglesia ha hecho todo lo que ha estado en su mano para suprimir la información relacionada con el matrimonio de Cristo.

En 1958, Morton Smith, Profesor de Historia Antigua de la Universidad de Columbia, descubrió un manuscrito sobre el Patriarca Ecuménico de Constantinopla en un monasterio cercano a Jerusalén. Descubrió una carta del obispo Clemente de Alejandría (150 a 215 d.C.) a su colega Teodoro en un libro sobre los trabajos de San Ignacio de Antioquia. Allí se incluía una parte del Evangelio de Marco desconocida hasta entonces. Afirmó que esta parte del Evangelio debió omitirse por no estar conforme con las enseñanzas de la Iglesia. El Evangelio de Marco era importante porque fue el primero que se escribió y formó la base de todos los demás evangelios.

En la parte suprimida aparece Lázaro, de quien se dice que Cristo arrancó de la muerte de forma milagrosa, gritando desde la tumba, lo que indica que no estaba muerto cuando lo vio

Jesús. En realidad, Lázaro había sido excomulgado, un hecho que se consideraba parejo con la muerte. La excomunión tardaba cuatro días en completarse. El tercer día, Marta y María enviaron un mensaje a Jesús explicándole que Lázaro estaba a punto de perder su alma y quedar condenado para toda la eternidad. Jesús acudió para reinstaurarlo, aunque técnicamente quedara lejos de su alcance ayudarlo. Además, la parte suprimida en el Evangelio no menciona la resurrección y termina con las mujeres saliendo corriendo de la cueva vacía. Los últimos doce versículos de la versión de Marcos 16 que hoy tenemos, fueron añadidos en una fecha posterior.

Cuando Juan describe la llegada de Jesús a la casa de Marta y María, da la sensación de que María duda en salir de la casa. Sin embargo, en la parte del Evangelio de Marco censurada, explica que María salió de la casa con Marta para dar la bienvenida a Jesús, pero que los discípulos le dijeron que volviera a entrar. La razón era que, como esposa de Jesús, sólo podía salir de la casa con su permiso.

Los católicos romanos afirman que San Pedro fue el fundador de la Iglesia Católica. El nombre de Pedro viene del griego «petros», que significa piedra, y éste fue el nombre que Cristo le impuso. Tenía reputación de misógino o, como Dan Brown diría, de «sexista», y de ser eso cierto, comprenderíamos por qué la Iglesia que él fundó ha despreciado siempre a las mujeres a lo largo de su historia. Sin embargo, si tenemos que creer que María Magdalena era lo suficientemente válida no sólo para ser la discípula más fiel de Jesús, sino también su esposa, tendríamos que formularnos entonces preguntas sobre por qué no se permite que las mujeres accedan al sacerdocio católico. Y más aún, deberíamos preguntarnos por qué la Iglesia no está dispuesta a admitir el matrimonio de Cristo. Dadas las pruebas que existen, la única conclusión a la que podemos llegar, igual que Dan Brown concluye a través del personaje de Sir Leigh Teabing, es que la Iglesia Cristiana deseaba «declararse como el único barco con el que la humanidad podía acceder al divino y conseguir la entrada en el reino de los cielos».

9

Opus Dei

> *El Código Da Vinci, como novela de detectives y aventuras que es, necesita reflejar tanto lo bueno como lo malo en un escenario en que aparecemos «nosotros» contra «ellos». Se nos induce a creer que deberíamos apoyar al Priorato de Sión y a sus miembros con tal de proteger su «secreto». Pero para contraequilibrar esto, se nos presenta el Opus Dei, un culto católico romano supuestamente fanático e inmensamente rico integrado por zánganos adoctrinados que llevan a cabo su trabajo sucio.*

Una visita a la página Web del Opus Dei (www.opusdei.org) nos muestra a los sacerdotes con una sonrisa de oreja a oreja pensando en la buena obra que realizan. Podríamos sentirnos disculpados si pensásemos que estamos en alguna especie de excursión escolar de domingo del ciberespacio que no tiene nada que ver con la lóbrega organización que Brown describe. Opus Dei significa en latín «Obra de Dios» y su lema es «Encontrar a Dios a través del trabajo y la vida diaria». La organización controla Radio Vaticano y posee enormes extensiones de terreno e industrias repartidas por todo el mundo occidental.

El título completo del Opus Dei es «Prelatura de la Santa Cruz y el Opus Dei». Fue fundado en España en 1928 y sigue siendo fuerte en este país. De hecho, muchas de las órdenes religiosas más activas, como los dominicos y los jesuitas, tienen su origen en España, quizá, en parte, debido a su papel histórico como baluarte geográfico en contra de su diseminación.

A pesar de que oficialmente forma parte de la Iglesia Católica, el Opus Dei posee muchas de las características que definen una secta. La organización está dirigida con una eficacia brutal; nadie es indispensable y las órdenes se obedecen sin rechistar. El Opus Dei siempre ha apuntado hacia los alumnos más inteligentes de las universidades para reclutarlos. Debido a la atmósfera de capa y espada que lo rodea, el Opus Dei se califica a menudo como la «Mafia Santa».

A pesar de la controversia en torno a las irregularidades en los procesos eclesiásticos y de los testimonios de los miles de personas que han resultado dañados por el Opus Dei, monseñor José María Escrivá de Balaguer, su fundador, fue canonizado el 6 de octubre de 2002, después de uno de los períodos de espera más breves de la historia (murió en 1975). Esto sugiere que el actual Papa, Juan Pablo II, o bien es un acérrimo del Opus Dei o bien ignora su verdadera naturaleza. Los relatos sobre la vida de José María Escrivá de Balaguer dejan claro que era una persona cuyo trato no resultaba ni remotamente agradable. Sufría arranques de mal genio y se mostraba intolerante con cualquiera de quien sospechara, incluso débilmente, la posibilidad de que fuera anti-Opus Dei, incluyendo los Papas Juan XXIII y Pablo VI. Se aireó la opinión de que su beatificación podía dañar a la totalidad del sistema eclesiástico.

A pesar de que no cabe duda de que algunos de sus miembros tienen buen talante y las mejores intenciones, es indiscutible que el Opus Dei se apodera de la vida de sus adheridos de una manera que sus críticos consideran completamente siniestra.

Se estima que la organización está integrada por unos ochenta mil miembros repartidos por todo el mundo, incluyendo miembros laicos y sacerdotes. Los miembros «numerarios» del Opus Dei hacen un voto de celibato y viven en residencias del Opus Dei. Se comprometen al «espíritu del Opus Dei» sin quizá comprender todo lo que ello implica.

Para integrarse en el Opus Dei no es necesario ser católico, ni tampoco es exclusivo de hombres. Las mujeres suelen ser reclutadas en capas sociales pobres, rurales y con escaso nivel cultural y pasan a ser Ayudantes Numerarias, teniendo también que hacer voto de celibato. Son las responsables de mantener las residencias del Opus Dei y, sin duda alguna, deben sentirse agradecidas por el reciente permiso que les permite llevar pantalones. Los no católicos pueden unirse al grupo como Cooperantes. Esto significa que a cambio de quizá un poco de Gracia Divina bajo el aspecto de indulgencias medievales, pagan al Opus Dei enormes sumas de dinero.

Reclutamiento

Los métodos de reclutamiento son agresivos y poco limpios. Cuando a un miembro potencial le gusta una actividad determinada, los miembros del Opus Dei le organizan un fin de semana centrado en su actividad para animarlo a unirse a sus «hermanos». El grupo estudiantil UNIV, patrocinado por el Opus Dei, organiza a menudo viajes a los cuarteles generales del Opus Dei en Roma durante los cuales se ejerce presión a los potenciales miembros para que se unan al grupo.

Se anima a los miembros a tener un conjunto de entre doce y quince amigos que sean posibles candidatos a unirse a la organización. Tienen que realizar informes estadísticos detallados sobre sus avances en el reclutamiento de dichos amigos. Los católicos solitarios, inteligentes y atractivos, constituyen el perfil social de la mayoría de los «cazados». Estas personas no sólo serán capaces de atraer a nuevos miembros, sino que además proporcionarán más entradas a las arcas del Opus Dei que otros reclutados. (Los lectores de *El Código Da Vinci* pensarán si duda que el reclutamiento no es uno de los puntos fuertes del personaje de Silas.) El reclutamiento se realiza también a través de «grupos de frente» en universidades y otras canteras de juventud. Es frecuente que los miembros del

Opus Dei no revelen su identidad como tales. Los miembros utilizan tácticas de presión para «cerrar el trato». Hacen creer a los potenciales miembros que se encuentran en un momento de crisis en su vida y que si se niegan a unirse al grupo perderán la gracia de Dios.

La vida del miembro

Una vez entran en el grupo, los Miembros Numerarios son sometidos a un chantaje moral para que obedezcan todo lo que se les dice y se les recuerda constantemente el «espíritu del Opus Dei» que han acordado seguir. A partir de ese momento, su vida deja de pertenecerles. Se les explica la idea de «ser como niños delante de Dios». De modo que delegan al Opus Dei todo aquello relacionado con su toma de decisiones de la misma manera que un niño deja esa responsabilidad en manos de sus padres. Esto atrae particularmente al tipo de personalidad «eternamente víctima», como el personaje de Silas en *El Código Da Vinci*.

Los Numerarios suelen ser estudiantes universitarios o profesionales jóvenes. Las residencias donde viven se encuentran en los barrios ricos de las ciudades y en todos los centros hay un Director, un Director Adjunto y un Secretario.

La vida diaria que siguen los Miembros Numerarios es la siguiente:

- Hacen voto de celibato y de práctica de «Mortificación Corporal», que explicaremos en otro momento.
- Como si de una broma de recreo en la que a un niño se le exige que entregue el dinero que llevara para comprarse la merienda se tratara, el Opus Dei, exige a sus miembros la entrega del dinero que ganan. Los miembros tienen entonces que pedir que se les devuelva una parte para cubrir sus necesidades personales y explicar en detalle cómo gastan su propio dinero. Habitualmente no

se les permite gestionar sus cuentas bancarias. No existen datos que informen de cómo el Opus Dei gasta el dinero que recibe de sus miembros por este método.
- La correspondencia con el «mundo exterior» está controlada secretamente.
- Todo tipo de entretenimiento está estrictamente controlado y censurado, independientemente de que sea diversión pública o en privado. Los miembros pueden ver la televisión sólo en compañía de un miembro que actúa a modo de carabina. Los libros tienen que recibir la aprobación previa del Director y normalmente, sólo se permiten los escritos por el Fundador, por algún miembro del Opus Dei o por algún autor anterior al Concilio Vaticano II. En el artículo número 339 de «El Camino», el libro espiritual que incluye 999 artículos y que se menciona en *El Código Da Vinci*, José María Escrivá escribe: «No deberéis comprar libros sin el consejo previo de un cristiano con experiencia. Es muy fácil adquirir cosas inútiles o nocivas. Muchas veces la gente cree llevar un libro bajo el brazo... cuando lo que lleva no es más que un montón de barro».
- Todos los movimientos de entrada y salida de la residencia del Opus Dei están sujetos al permiso del Director.
- Los miembros tienen que confesarse cada semana, preferiblemente con un sacerdote del Opus Dei. Deben confesar no sólo los pecados normales, sino también cualquier duda que les pueda surgir sobre cualquier aspecto del Opus Dei. De no ser así, y siguiendo las encantadoramente poéticas expresiones que el Opus Dei utiliza en estos casos, «el diablo mudo se apodera de su alma».
- Se desaniman las relaciones de los miembros con sus familias con el argumento de que «no lo comprenderían». Se supone que los miembros deben destruir sus antiguas fotografías familiares. Se les dice lo que pueden escribir en las cartas a sus familiares y lo que pueden contarles

por teléfono. Después de una llamada telefónica, son interrogados acerca de su contenido. A veces, los padres pasan meses, años incluso, sin enterarse de que sus hijos se han convertido en miembros del Opus Dei. De modo similar, resultan difíciles de mantener las amistades con personas que no sean potencialmente reclutables y el contacto con su vida personal en el mundo exterior se torna cada vez más remoto y acaba rompiéndose por completo.

- Todos los miembros tienen que aprender castellano y latín. El castellano es el idioma del fundador y las oraciones del Opus Dei se rezan en latín.

Los miembros tienen libertad para abandonar la organización cuando quieran, pero las herramientas psicológicas que el Opus Dei utiliza garantizan que no suceda. Se explica a los miembros que si abandonan la organización jamás podrán conseguir llevar una vida satisfactoria, algo que tal vez sea cierto después de todo el adoctrinamiento al que han sido sometidos. Resulta dudoso que el mismo José María Escrivá de Balaguer llevara una vida tan limitada (¡sólo el palacio donde vivía en Roma tenía ya veinticuatro capillas!). El actual prelado del Opus Dei, el obispo Javier Echevarría (que no debe confundirse con el personaje de ficción que aparece *en El Código Da Vinci*, Manuel Aringarosa), nació en Madrid el 14 de junio de 1932.

Mortificación corporal

Muchas de las dolorosas prácticas que conlleva la mortificación corporal eran comunes en la Iglesia Católica de la Edad Media, pero, con la excepción del ayuno, están consideradas hoy en día anacrónicas. Irónicamente, se considera que una atracción excesiva hacia el dolor puede conducir al orgullo y a la autosatisfacción.

Las prácticas del Opus Dei que aparecen descritas en *El Código Da Vinci* no son excepciones. Forman parte rutinaria de la vida diaria del Numerario.

El cilicio

Brown utiliza inteligentemente el «cilicio» para describir a Silas como un miembro del Opus Dei que ha sufrido el adoctrinamiento típico. Un cilicio es la cadena con pinchos que Silas lleva sujeta al muslo en *El Código Da Vinci*. Es obligatorio llevarlo dos horas diarias, los domingos y en otros momentos prescritos. El Opus Dei es muy reticente a hablar del tema. El cilicio deja en la piel pequeñas marcas que hace que los miembros del Opus Dei sientan vergüenza al desnudarse delante de ajenos de la organización. Para evitar que el miembro obtenga de esta práctica un placer sadomasoquista, se utiliza bajo la supervisión espiritual de un Director. Silas utiliza este instrumento para disipar su sentimiento de «culpa» y es uno de sus focos de obsesión. A nosotros quizá, nos resulte difícil creer que en el mundo occidental del siglo XXI haya gente en nuestro entorno que utilice el cilicio tal y como lo hace Silas, para inflingirse voluntariamente un daño físico en nombre de la religión, pero es así en realidad.

Disciplina

Una vez a la semana, los miembros utilizan una cuerda con nudos a modo de látigo para azotarse en las nalgas o en la espalda. Los miembros tienen que solicitar permiso para utilizarlo con más frecuencia, algo que muchos hacen.

Duchas frías

Muchos miembros se duchan a diario con agua fría, una ofrenda en honor al prelado.

Comidas

En la hora de la comida, los Numerarios suelen abstenerse de al menos una cosa que podrían considerar como un lujo. Por ejemplo, pueden tomar el café sin azúcar, comer pan o tostadas sin mantequilla o prescindir del postre. Los miembros ayunan en días determinados y, además de estas obligaciones, tienen que pedir permiso para practicar alguna de ellas voluntariamente. Una vez más, es algo que muchos hacen.

El minuto heroico

Cuando por la mañana los despiertan llamando a la puerta de su habitación, los miembros tienen que saltar de inmediato de la cama, besar el suelo, y pronunciar la palabra «servium», que en latín significa «Te serviré».

Silencios

Los miembros no tienen permitido hablar, ni siquiera decir «buenas noches» o «buenos días», desde el momento de sus confesiones por la noche hasta acudir a la Santa Misa a la mañana del día siguiente. Por las tardes, no suelen hablar hasta la hora de la cena. No es habitual escuchar música los domingos, sobre todo por la tarde.

La mortificación corporal utilizada presenta diferencias por sexo. Por ejemplo, las mujeres duermen sobre planchas de madera colocadas sobre el colchón. Los hombres duermen en el suelo una vez por semana. Tanto hombres como mujeres duermen una vez por semana sin almohada. Las mujeres no pueden fumar ni entrar en bares. Los hombres pueden fumar y entrar en bares sólo con el objetivo de reclutar nuevos miembros. Como regla general, el fundador, José María Escrivá de Balaguer, consideraba que las mujeres tenían pasiones más fuertes que los hombres las cuales debían ser domesticadas en consecuencia.

En resumen, para mejor o peor, la verdadera naturaleza del Opus Dei es dura y cruel, como revela su propia literatura. Las citas siguientes están extraídas de la página Web de Opus Dei Awareness Network, Inc. (www.odan.org):

«Bendito sea el dolor. Amado sea el dolor. Santificado sea el dolor... ¡Glorificado sea el dolor!»

(*Camino*, 208)

«Ningún ideal se convierte en realidad sin sacrificio. Niégate. ¡Es tan bello ser una víctima!»

(*Camino*, 175)

«Obedece con tus labios, tu corazón y tu mente. No es al hombre a quien se obedece, sino a Dios.»

(*Surco,* 174)

«Y vigila, porque antes se apaga una centella que un incendio. Huye, porque aquí es una vil cobardía ser «valiente»; no andes con los ojos alerta, porque eso no indica ánimo despierto, sino insidia de Satanás. Pero toda esa diligencia humana, con la mortificación, el cilicio, la disciplina y el ayuno, qué poco valen sin ti, Dios mío.»

(*Surco,* 834)

«Los numerarios del Opus Dei deberán mantener la piadosa costumbre, con el objetivo de castigar el cuerpo y reducirlo a la servidumbre, de llevar un pequeño cilicio al menos durante dos horas al día; una vez a la semana, deberán seguir las disciplinas así como dormir en el suelo, siempre que la salud no quede afectada por ello.»

(*Constituciones del Opus Dei,* artículo 147)

«Por defender su pureza, San Francisco de Asís se revolcó en la nieve, San Benito se arrojó a un zarzal, San Bernardo se zambulló en un estanque helado... Tú, ¿Qué has hecho?»

(*Camino,* 143)

«Lo que perdió la carne, páguelo la carne; haz penitencia generosa.»

(*Forja,* 207)

«Si sabes que tu cuerpo es tu enemigo, y enemigo de la gloria de Dios, al serlo de tu santificación, ¿por qué lo tratas con tanta blandura?»

(*Camino,* 227)

«Tu mayor enemigo eres tú mismo.»

(*Camino,* 225)

«Al apostolado vas a someterte, a anonadarte: no a imponer tu criterio personal.»

(*Camino,* 936)

No hay duda de que el Opus Dei lleva a cabo una función útil y caritativa en la sociedad, pero resulta tentador llegar a la conclusión de que es mejor ser beneficiario de la organización que participante de ella. Definitivamente, no resulta complicado comprender por qué Dan Brown eligió a miembros del Opus Dei para el papel de villanos en *El Código Da Vinci*; en cierto sentido, la organización es un blanco fácil, pero quizá el encasillamiento esté justificado.

10

Otros temas explorados en *El Código Da Vinci*

La criptología y el código cifrado Atbash

El término criptología viene del griego *kryptós*, «escondido», y *lógos*, «palabra».

Las primeras noticias que tenemos de la utilización de la criptología en la correspondencia datan de los espartanos griegos, hacia 400 a.C. Los espartanos utilizaban lo que se conoce como «*skytale*» para que los mandos militares pudieran comunicarse secretamente. Consistía en escribir un mensaje en un trozo de cuero o pergamino y enrollarlo en espiral en torno a una estrecha vara. Cuando la pieza se desenvolvía, el mensaje parecía como un amasijo de letras y sólo podía leerse si se envolvía sobre otra vara estrecha de exactamente el mismo tamaño y proporciones.

El código cifrado Atbash es un sistema por el cual la última letra representa la primera, y la segunda letra la penúltima letra.

En el alfabeto romano, sería como sigue:

TEXTO NORMAL: a b c d e f g h i j k l m
TEXTO CIFRADO: Z Y X W V U T S R Q P O N
TEXTO NORMAL: n o p q r s t u v w x y z
TEXTO CIFRADO: M L K J I H G F E D C B A

El código fue descubierto por el doctor Hugo J. Schonfield. El doctor Schonfield fue uno de los primeros investigadores que trabajó con los Rollos del Mar Muerto en Qumran, y su obra más notable sobre historia bíblica es *El complot de Pascua*. Aplicó el código a varios de los rollos que sus compañeros de investigación habían encontrado indescifrables. El código se había utilizado para ocultar nombres de textos esenios, zadoquitas y nazarenos del siglo I. De hecho, fue utilizado ya en un momento tan temprano como el 500 a.C., por los escribas que redactaron el Libro de Jeremías. Es uno de los pocos sistemas de código utilizados en el idioma hebreo.

En *El legado mesiánico*, Baigent, Leigh y Lincoln explican que el doctor Schonfield describe en *El enigma de los esenios* cómo se sintió fascinado por el Baphomet que veneraban los Caballeros Templarios y aplicó el código cifrado Atbash a la palabra «Baphomet». Para su sorpresa, descubrió que la palabra quedaba descodificada como *Sophia*, el término griego que significa «sabiduría».

La palabra «Baphomet» en hebreo es como sigue, teniendo en cuenta que el hebreo se lee de derecha a izquierda:

[taf] [mem] [vav] [pe] [bet]

Aplicándole a la palabra el código cifrado Atbash, Schonfield descubrió lo siguiente:

[alef] [yud] [pe] [vav] [shin]

Que da como resultado *Sophia*, la palabra griega escrita en hebreo de derecha a izquierda.

Sophia no sólo significa «sabiduría». *Sophia* era también la diosa que supuestamente tenía que ser la esposa de Dios. Muchos creen que los Caballeros Templarios veneraban a esta diosa.

El hecho de que los Caballeros Templarios conocieran el código cifrado Atbash sugiere con fuerza que en la época de los Caballeros Templarios había personas en su entorno integrantes de una secta nazarena y que conocían bien el código.

La idea de Dan Brown de que el inglés es el idioma más «puro» puede resultar extravagante, pero no es nueva. El abad Henri Boudet de Rennes-le-Bains, un pueblo cercano a Rennes-le-Châteaux, escribió un libro titulado *El verdadero idioma celta*, en el que afirmaba que el inglés era un idioma sagrado que tal vez se hablara antes de la destrucción de la Torre de Babel. Se ha dicho que el libro no debería ser tomado en el sentido literal y que transmitía un mensaje distinto, codificado. Debemos además, tener presente que, igual que sucede con otros idiomas europeos, muchas palabras inglesas tienen raíz latina. Según destaca Tracy Twyman en las páginas de su revista *La venganza de Dagoberto*, el idioma inglés posee veintiséis letras y por ello puede utilizarse perfectamente con el código Atbash. Otros idiomas europeos no tienen un número par de letras. Además, ella siempre ha sido de la opinión de que el Priorato de Sión favoreció al idioma inglés.

El Criptex

Esto parece ser un ejemplo de licencia poética por parte del autor de *El Código Da Vinci*, la creación de un elemento completamente ficticio. No he encontrado ninguna evidencia que demuestre que «el Criptex» existiera en la vida real, aunque quizá no sea del todo improbable que Leonardo pudiera crear un invento así.

Baphomet

El *Diccionario Brewer de Dichos y Fábulas* nos dice que «Baphomet» es la corrupción inglesa de la palabra «Mahomet» o «Mohammed», el profeta musulmán. Como los Templarios se asociaban con los Hashashin musulmanes, hay quien cree que adoptaron también características musulmanas, pero esto ignora el hecho de que la religión musulmana prohíbe la idolatría. Existe también una teoría que defiende que la palabra se origina a partir de la unión de dos palabras en griego que significaría «absorción de la sabiduría». Durante su persecución, los Caballeros Templarios fueron acusados de adorar un ídolo llamado Baphomet. Se decía que podía adoptar la forma de una cabeza o de un gato negro.

Se cree que la imaginería de Baphomet deriva del antiguo dios egipcio Amon, cuyo nombre significa «El Oculto», y que es también conocido como la Cabra de Mendes.

Hasta cierto punto, las creencias sobre Baphomet se han visto sujetas a la moda de la época. En el siglo XIX se popularizó la idea de los Caballeros Templarios como adoradores del diablo, mientras que en los siglos XX y XXI prevalece más la idea de que lucharon contra la corrupción del gobierno y la Iglesia. A pesar de ello, la historia sobre Baphomet ha sobrevivido hasta nuestros tiempos.

El *Diccionario de lo Oculto y lo Sobrenatural*, de Peter Underwood, nos ofrece la definición siguiente:

> *Baphomet fue la deidad adorada por los Caballeros Templarios y en la Magia Negra, como origen y creadora del mal; cabra satánica y Sabbath de las brujas, y uno de los nombres adoptados por Aleister Crowley.*

Eliphas Lévi (cuyo verdadero nombre era Alfonso Luis Constant), el ocultista del siglo XIX, describió algunas de las representaciones más habituales de Baphomet:

- Un ídolo con una calavera humana
- Una cabeza con dos caras
- Con barba
- Sin barba
- Con la cabeza de un gallo
- Con la cabeza de un hombre

- Con la cabeza de una cabra y el cuerpo de un hombre, pero con alas y pies con pezuñas (la Cabra Sabática)

Este último concepto de la Cabra Sabática que describe induce a la percepción actual del demonio. Tal y como Dan Brown nos cuenta en *El Código Da Vinci*, la cabeza de Baphomet se convirtió en la del demonio cristiano. El signo del demonio, los dos dedos levantados detrás de la cabeza de un amigo, que menciona también como utilizado en broma en las fotografías de grupo, se utiliza también en el sur de Europa como el símbolo de poner los cuernos. Tanto el ocultista británico Aleister Crowley, como el fundador de la Iglesia de Satán, Anton La Vey, adoptaron posteriormente la imaginería de Baphomet. Fue sólo bajo la tortura que sufrieron en manos del rey francés Felipe, en connivencia con el Papa Clemente V, que los Templarios admitieron la adoración a un ídolo relacionado con el demonio. El Gran Maestre de los Templarios, Jacques de Molay, colocado en un asador y torturado allí hasta la muerte, dijo que los Templarios sólo eran culpables de mentir bajo tortura.

Según Tracy Twyman, el registro del preceptorado de París de los Templarios dio como resultado el hallazgo de otra cabeza de Baphomet, descrita como «una gran cabeza de plata dorada, muy bella, la imagen de una mujer. En su interior había dos huesos de cráneo envueltos en una tela de hilo blanco, y a su vez envueltos en otra tela de color rojo. Llevaba una etiqueta en la que podía leerse: "Caput 58M"».

Otras descripciones sobre el origen de Baphomet hablan de la cabeza de Juan Bautista, venerado por los Templarios como el verdadero Mesías y en contraposición a Cristo, a quien consideraban falso. La imagen de Baphomet que Eliphas Lévi difundió es la que ilustra ahora el Diablo de la baraja del Tarot, medio mujer, medio humano, medio animal. Baphomet es andrógino, pues aparece representado no sólo con pechos de mujer, sino también con órganos sexuales masculinos. El objetivo de esta imagen era indicar la lucha entre dos elementos opuestos en conflicto. Algunos lectores recordarán que Marilyn Manson utilizó también el Baphomet de Lévi en algún momento de su campaña de marketing.

La Secuencia Fibonacci y la Razón Áurea

La «Secuencia Fibonacci» fue un descubrimiento del matemático Leonardo Fibonacci (nacido hacia 1170, probablemente en Pisa, fallecido después de 1240). Es también conocido como Leonardo Pisano. En 1202 escribió *Liber Abaci* («Libro del Ábaco»). Fue el primer europeo que trabajó con matemática india y árabe. Su padre fue nombrado cónsul de una comunidad de mercaderes pisanos localizada donde hoy se encuentra Argelia, y Leonardo estudió matemáticas con un tutor árabe. Estudió también matemáticas en Egipto, Siria, Grecia, Sicilia y Provenza.

Cuando apareció *Liber Abaci*, sólo unos pocos intelectuales conocían la numeración indo-arábiga. El libro tuvo una rápida difusión y llamó la atención del emperador Sacro Romano, Federico II. Leonardo fue invitado a presentarse ante él y a solucionar diversos problemas matemáticos. Éste fue el inicio de varios años de correspondencia con Federico II y sus eruditos, intercambiando problemas matemáticos.

La Secuencia Fibonacci deriva de un problema que aparece en *Liber Abaci*:

> *Un hombre coloca un par de conejos en un lugar rodeado por todas partes por una pared. ¿Cuántas parejas de conejos podría producir esta pareja en un año suponiendo que cada mes cada pareja engendra una nueva pareja que a partir de su segundo mes ya es productiva?*

La secuencia resultante es, como Dan Brown nos explica, 1-1-2-3-5-8-13-21, y luego sigue con 34-55, y así infinitamente. Cada número es la suma de los dos números precedentes y esa fue la primera secuencia de números reconocida como tal en Europa.

El matemático Robert Simon de la Universidad de Glasglow descubrió en 1753 que a medida que los números iban creciendo, la razón entre números sucesivos se aproximaba al número *símbolo*, la Razón Áurea, o la Divina Proporción, tal como se menciona en *El Código Da Vinci*, o su nombre griego, «Phi». Se trata del número 1,61803398874989484482 que es similar al número «Pi» en el sentido de que sus decimales siguen infinitamente sin repetir la secuencia. Puede calcularse exactamente utilizando la fórmula siguiente: $\phi = (1 + \sqrt{5})/2$

En un Rectángulo Áureo, la razón de su longitud respecto a su anchura es la Razón Áurea. Por lo tanto, si un lado del rectángulo mide tres unidades, el otro lado medirá 3 x 1,62 = 4,86.

El término «Secuencia Fibonacci» fue utilizado por vez primera por el matemático francés Edouard Lucas. A partir de entonces, los científicos empezaron a percatarse de la cantidad de ejemplos de estas secuencias presentes en la naturaleza: las espirales de una flor de girasol, las piñas de los pinos, la disposición de las yemas de las hojas en un tallo, los modelos de crecimiento de las semillas en las plantas y de los cuernos de los animales. También el modelo de crecimiento de los seres humanos pasa las fases de feto, bebé, niño y adulto, haciendo uso de la Razón Áurea.

Tómese cualquier Rectángulo Áureo utilizando la fórmula antes mencionada y se verá que si se extrae de él un cuadrado, se obtendrá un nuevo Rectángulo Áureo pero de menor tamaño. La extracción constante de cuadrados de los Rectángulos Áureos resultantes dará como resultado, Rectángulos Áureos cada vez más pequeños.

De modo similar a lo que sucede con la Secuencia Fibonacci, podemos hacer lo contrario con un cuadrado que tenga como unidad de medida un 1. Súmesele un cuadrado del mismo tamaño y se formará un rectángulo. Si se siguen añadiendo cuadrados a los lados más largos de los rectángulos que vayan formándose, los lados más largos serán sucesivamente números Fibonacci, y se acabará llegando a un Rectángulo Áureo.

Dibuje dos cuadrados que midan 1 x 1, el uno junto al otro, y luego dibuje un cuadrado de 2 x 2 junto a ellos. Dibuje a continuación un cuadrado que mida 3 x 3 en el borde de uno de 1 x 1 combinado con uno de 2 x 2. El paso siguiente será colocar uno de 5 x 5 junto al de 3 x 3 y 2 x 2, y el efecto espiral se hará aparente. Si, como es inevitable, se queda sin papel, dibuje en la misma espiral, conectando una esquina de cada cuadro a la esquina opuesta mediante una curva. El Partenón de Atenas encaja en un Rectángulo Áureo. Leonardo da Vinci y artistas más modernos como Seurat y Mondrian utilizaron también esta geometría.

El sistema solar en sí es una espiral Fibonacci, actuando como vórtice o torbellino, en la que el centro es el Sol. De hecho, Leonardo dijo: «Un vórtice, a diferencia de una rueda, se mueve más rápido en el centro». Por ejemplo, el año de Mercurio dura ochenta y ocho días terrestres, mientras que el de Plutón dura doscientos cuarenta y ocho años terrestres. Según Tracy Twyman y Boyd Rice, la cuestión va aún más lejos: la distancia entre el Sol y Mercurio sumada a la existente entre Mercurio y Venus, equivale a la distancia entre Venus y la Tierra.

Sociedades secretas

El tema principal de *El Código Da Vinci* es el efecto que una sociedad secreta, como mínimo, ha tenido sobre la historia, y sobre todas nuestras vidas como consecuencia de ello. Las sociedades secretas han existido desde el amanecer del hombre porque los hombres siempre han sentido la necesidad de manipular entre bambalinas los acontecimientos del mundo, para bien o para mal. Solemos referirnos a las sociedades secretas como «cábalas». Esta palabra se originó en un comité compuesto por cinco ministros del gobierno de Carlos II de

Inglaterra, cuyos apellidos empezaban con C, A, B, A y L. En algunas tradiciones religiosas, como el judaísmo y el budismo, existen cábalas de individuos cuidadosamente elegidos, repartidos por todo el mundo, que se aseguran de que el mundo opere de la manera que su Dios y sus creencias pretenden. En el budismo, esto implica la reencarnación de «Maestros Secretos» de una generación a otra.

Existen, naturalmente, distintos grados de secretismo y, en mayor o menor grado, todas las religiones tienen sus secretos. La orden más interna del brazo Jesuita de la Iglesia Católica fue hasta recientemente el Oficio Sagrado, mejor conocido como la Inquisición. Ésta ha evolucionado en el Opus Dei, discutido en el capítulo 9. Los rosacrucianos consiguieron conservar un grado de secretismo tan elevado que hay quien sospecha que la Orden nunca llegó a existir. Y, naturalmente, el Priorato de Sión conserva el máximo de secretismo.

La sociedad «secreta» más conocida hoy en día es la Francmasonería, que sin duda alguna es la sociedad secreta de mayor tamaño del mundo occidental. Tiene la identidad ambigua de ser tanto una organización positiva dedicada a las obras de caridad, como algo más siniestro, al menos en sus escalones superiores.

Otras sociedades actuales que pueden considerarse como «secretas» son la Mafia, la Comisión Trilateral, el Grupo Bilderberg, la Sociedad de la Calavera y los Huesos, el Bohemian Grove y, según algunos, los Illuminati (que destacan en la primera novela escrita por Dan Brown y con el personaje de Robert Langdon, *Ángeles y Demonios*). Además de ser poderosos por derecho propio, tienen también la habilidad de inspirar temor lo que favorece el ejercicio de un mayor poder de control.

A lo largo de la historia, gente como Charles Nodier, famoso por haber sido uno de los Grandes Maestres del Priorato de Sión, jugaron y se aprovecharon del miedo que inspiran las sociedades secretas. Inventaban sociedades, escribían sobre ellas y luego acusaban a gente perfectamente inocente de pertenecer a dichas sociedades. Esto provocaba que los desventurados individuos implicados acabaran formando una sociedad secreta de verdad que les ofreciera protección, convirtiendo a la sociedad secreta ficticia en un presagio de la de verdad: una profecía que acaba cumpliéndose.

La perspectiva que se tenga de cualquier sociedad secreta está formada en parte por el hecho de ser o no miembro de ella. La sociedad secreta con la que trata Dan Brown en *El Código Da Vinci* es el Priorato de Sión que, según las pruebas de las que disponemos, ha estado operando con mucha fuerza y clandestinamente durante siglos. Existen otras sociedades secretas de las que se sospecha que tienen algo que ver con el Priorato de Sión.

La Orden Soberana y Militar del Temple de Jerusalén

Esta sociedad fue fundada, tal como ahora la conocemos, en 1804. Sin embargo, afirman que cuando Jacques de Molay, el último Gran Maestre de los Caballeros Templarios, fue ejecutado en 1314, dejó unos estatutos legitimando su sociedad. Se cree, en términos generales, que el documento de estos estatutos es auténtico, aunque ciertos historiadores albergan sus dudas. Pero como que la orden está básicamente consagrada a obras de caridad, no se percibe como una amenaza.

Baigent, Leigh y Lincoln se reunieron varias veces con su Gran Maestre en 1982. Se les explicó que había escindida una facción, asentada en Suiza como una organización neo-Templaria y que estaba dirigida por Anton Zapelli. Un nombre que les sonó enseguida a Baigent, Leigh y Lincoln, pues unos años antes les habían dicho que un hombre llamado Zapelli era el verdadero poder detrás del Priorato de Sión. Después de diversas investigaciones, descubrieron que Zapelli estaba relacionado no sólo con la banca privada, sino también con la definición de «el papel de los Templarios modernos en la reunificación de Europa» algo que, según Zapelli, era la intención original de los Templarios. Lo que ellos entendían como «Europa» eran los países comprendidos entre el Mediterráneo y el Atlántico y los Urales rusos. Con la actual Unión Europea han conseguido casi lo que pretendían.

P2

P2 (su nombre completo es Raggruppamento Gelli Propaganda Due), fundado en 1966, es una Logia Masónica que estuvo también implicada en la lucha contra el comunismo. En opinión del líder del partido republicano italiano de aquel momento, el P2 se convirtió en «el centro de polución de la vida nacional: secreto, perverso y corrupto». Acabó derrocando el gobierno del primer ministro Arnaldo Forlani. Actuaba como conducto para el suministro de fondos procedentes del Vaticano y la CIA hacia organizaciones anti-comunistas de Europa y Latinoamérica. El P2 quedó descubierto en 1982 cuando el «banquero de Dios», Roberto Calvi, fue encontrado asesinado, colgado bajo el puente Blackfriars de Londres. Calvi canalizó millones de dólares del Vaticano hacia el grupo polaco «Solidaridad». Cuando el banco privado de Calvi tuvo problemas, él personalmente solicitó ayuda al Vaticano, apoyándose en vagas amenazas de que sacaría a la luz los orígenes del apoyo económico de Solidaridad. Vivió doce días más hasta que se produjo su inesperada muerte… y la desaparición de su maletín, que el Vaticano compró posteriormente por cerca de diez millones de euros.

Hay quien dice que el P2 estaba (y probablemente sigue estándolo) controlado por la Mafia. Otros dicen que sus responsables son el KGB, la CIA e, incluso, el Priorato de Sión.

El P2 operaba a través del Gran Maestre, Licio Gelli, convenciendo a los potenciales miembros de que él tenía una enorme influencia y que podía abrirles el camino para conseguir grandes éxitos personales. Este sistema se perpetuaba a sí mismo y el poder de Gelli fue aumentando de forma exponencial. Consiguió extraer secretos oficiales de sus miembros que luego utilizaba tanto para aumentar su poder como para chantajear a otros.

En 1981, después de que la policía registrara las propiedades de Gelli, se publicó en la prensa italiana la lista de miembros. Una de las cabeceras rezaba «Opus Dei» y uno de los miembros que aparecía listado era Giulio Andreotti, el político demócrata cristiano que fue seis veces Primer Ministro italiano y supuesto miembro del Priorato de Sión. En 1995 fue acusado de vender favores políticos a la Mafia y de complicidad en el asesinato de un periodista en 1979. En 1999 fue liberado de ambos cargos. Esta decisión fue llevada al Tribunal de apelación en 2003.

En la lista de miembros del P2 aparecía también mencionada la Orden Soberana y Militar del Temple de Jerusalén.

Compagnie de Saint-Sacrement

La Compagnie de Saint-Sacrement fue fundada entre 1627 y 1629. Algunos la consideran tan similar al Priorato de Sión que piensan que sería la misma organización o que el Priorato controlaba la Compagnie. Es un raro ejemplo de sociedad secreta cuya historia está bien documentada. Los documentos del Priorato de Sión afirman que el Priorato «se consagró a deponer al cardenal Mazarino» y hacen a menudo referencia a la Compagnie. Mazarino, en el siglo XVII, fue primer ministro de Francia bajo Luis XIV. Su gobierno resultó tan impopular que la oposición inició las guerras civiles que se conocen como «La Fronda».

La Compagnie era muy conocida en Francia. Pero era tan secreta que ni siquiera sus miembros sabían quién la dirigía y se convencía a los nuevos iniciados de que su fin eran las obras de caridad. Su influencia irradiaba a partir del Seminario de Saint-Sulpice en París, lugar donde el personaje de Silas intenta encontrar la «piedra angular» en *El Código Da Vinci*. De hecho, Jean-Jacques Olier, fundador de Saint-Sulpice, estaba íntimamente relacionado con la Compagnie. Otras conocidas familias conectadas con La Fronda y con el Priorato de Sión, estuvieron también relacionadas con ella. En el centro de las actividades de la Compagnie estaba lo que se conocía como «el Secreto», la identidad del cual todo el mundo desconoce. Se piensa que sus actividades tenían que ver con el espionaje, particularmente en círculos reales y otras instituciones, como la abogacía, la policía y el gobierno. A pesar de que su *raison d'être* era supuestamente oponerse a la herejía, la organización fue acusada de herética por las autoridades católicas.

El rey Luis XIV ordenó la desintegración de la Compagnie en 1660, pero sus deseos fueron ignorados con éxito durante cinco años hasta 1665. Todos los documentos de la sociedad fueron depositados en un lugar desconocido, se sospecha que podría ser Saint-Sulpice. Pero parece ser que la Compagnie pasó a ser clandestina y se dice que sobrevivió hasta el siglo XX. En 1667, el dramaturgo y fiel realista francés, Molière, puso en escena una obra, *El Tartufo*, que hacía claras y malintencionadas referencias a la Compagnie. La Compagnie demostró la continuidad de su influencia al conseguir que la obra fuera prohibida durante dos años.

Los orígenes del Tarot

Los orígenes del «Juego del Tarot» son oscuros, pero es probable que fuera introducido en Francia para entretener al hastiado y deprimido Carlos VI, que reinó desde 1380 hasta 1422. Apareció también en Italia hacia la misma época. El tarot se utilizó en Francia como un juego hasta un momento relativamente reciente. Han sobrevivido hasta nuestro tiempo algunas cartas originarias de los siglos XIV y XV, en las que aparecen representadas figuras similares a las que se muestran en las cartas del tarot actual. En Italia se jugaba un juego de cartas sencillo que incluía las «Virtudes y los Vicios» teológicos. Es posible que el autor del tarot, tal y como ahora lo conocemos, fuese uno de los cabalistas hebreos que, con la intención de presentar a Europa la sabiduría del Oriente antiguo, modernizara los símbolos en consecuencia. Sin duda, era consciente del poder que tenía la utilización del pasatiempo para transmitir con efectividad su mensaje. Un ejemplo reciente muy similar es el de la baraja de cartas publicada por el ejército norteamericano con las imágenes de los iraquíes más buscados. La afirmación que Dan Brown realiza en *El Código Da Vinci* de que el tarot describe la historia de «la Novia Perdida y su subyugación bajo la iglesia del demonio» es quizá exagerada, pero no imposible.

Contrariamente a lo que Brown dice, Tracy Twyman y Boyd Rice declaran como hecho demostrado, aunque poco conocido, el hecho de que los Arcanos Menores derivan de la baraja de cartas moderna, y no al contrario.

No existen pruebas de que el tarot se utilizase como medio para adivinar el futuro hasta finales del siglo XVI o principios del siglo XVII. Resulta significativo que ni Paracelso ni Boissard mencionen el tarot en sus tratados de adivinación del siglo XVI. La primera mención del tarot utilizado en este sentido aparece en un libro publicado en Frankfurt a principios del siglo XVII. No fue ampliamente utilizado como medio de adivinación hasta el siglo XVIII y quienes primero lo utilizaron fueron los gitanos. A partir del siglo XVIII, diversos escritores dejaron establecida la asociación entre el tarot y lo esotérico y son éstas las ideas que hemos heredado.

Sin embargo, el simbolismo de algunas de las cartas de los Arcanos Mayores se remonta como mínimo, al siglo II d.C. La cultura egipcia había tenido una gran influencia sobre la cultura griega y sobrevivió el concepto de unidad divina, en la que el Sol era un destacado componente. Los conocimientos que respaldaban sus creencias fueron transmitidos mediante símbolos de los que sólo los iniciados conocían la clave. Los rituales externos de su religión servían simplemente como manifestación física de estas creencias.

Dichos símbolos podrían asociarse con el tarot, en el que los Arcanos Mayores (veintidós cartas) pueden ser interpretados como temas y tendencias espirituales en la vida de la persona que pregunta sobre su futuro, mientras que los Arcanos Menores (cincuenta y seis cartas) reflejan asuntos de negocios y carrera profesional. La utilización de estos símbolos aparece también en los caracteres chinos e, incluso, en la heráldica occidental.

Por lo tanto, podría decirse que el tarot es como un libro escrito en símbolos que emana a partir de las ideas del antiguo Egipto, Asia Menor y la Ciencia del Universo, tal y como se percibía en el siglo II. Sin embargo, como Twyman y Rice apuntan, muchos eruditos especulan también con la posibilidad de que las cartas del juego llegaran y se adaptaran a Europa a través de los Caballeros Templarios y que los descendientes de los Templarios tuvieran un papel decisivo en la formación del tarot.

Dan Brown escribe que las espadas se corresponden a las picas de la baraja actual, los corazones a las copas, los tréboles a los varas y los rombos a los pentáculos. Sin embargo, está generalmente admitido que los tréboles se corresponden a los pentáculos y los rombos a las varas. La baraja moderna del tarot se basa en el tarot veneciano o piamontés. Cada carta tiene su propio significado: las varas se relacionan con los temas profesionales, las copas con el amor, las picas con los conflictos y los pentáculos con el dinero y lo material. El adivinador dispone las cartas delante de la persona que desea conocer su futuro y uno de los dos selecciona unas cuantas cartas en lo que se conoce como una «tirada». El significado de la carta depende de si está boca arriba o boca abajo, de su posición en la tirada y de las cartas que la preceden y la siguen.

Historia del Observatorio Vaticano y de Castell Gandolfo

El Observatorio Vaticano

El Observatorio Vaticano tiene fama de ser una de las instituciones astronómicas más antiguas del mundo. Las primeras noticias que tenemos de él se remontan al Papa Gregorio XIII, que en 1582 estableció un comité que investigara las implicaciones científicas de la reforma del calendario. Desde esa época, el papado ha mostrado su interés por asuntos astronómicos y ha sido el fundador de tres tempranos observatorios: el Observatorio del Colegio Romano (1774-1878), el Observatorio del Capitol (1827-1870) y la Specula Vaticana (1789-1821) en la Torre de los Vientos, situada en el interior del Vaticano. En el siglo XIX, el sacerdote jesuita Angelo Secchi abrió un nuevo terreno al clasificar las estrellas según su espectro. En respuesta a una acusación de que la Iglesia Católica ignoraba los avances de la ciencia, en 1891, el Papa León XIII, refundó la Specula Vaticana y la instaló en la ladera de una colina situada detrás de la cúpula de la Basílica de San Pedro. La intención era construir un mapa de todo el cielo, y posteriormente, en 1936, se trasladó a Castell Gandolfo. Los participantes en las actividades del Observatorio formaban parte de varias órdenes religiosas, incluyendo los agustinos y los jesuitas. Uno de los más destacados fue Johann Georg Hagen, un sacerdote y astrónomo jesuita que descubrió y estudió las nubes oscuras de materia interestelar, conocidas a veces como las nubes de Hagen. En 1906, el Papa Pío X le nombró director del Observatorio Vaticano. En 1981, debido a la intrusión continuada de la luz de la ciudad y a su efecto negativo sobre las investigaciones, el Observatorio fue trasladado de nuevo, esta vez a Tucson (Arizona), constituyendo el Vatican Observatory Research Group (VORG). El Telescopio Vaticano de Tecnología Avanzada está actualmente situado en Mount Graham, Arizona.

Castell Gandolfo

El pueblo y castillo de Castell Gandolfo se encuentra situado en la provincia romana del Lazio, en la Italia central. Está en las orillas del lago Albano, a unos treinta y cinco kilómetros al sur de Roma, y ha sido la residencia de verano de los Papas desde que el Palacio Apostólico, o Papal, fue construido.

Su nombre tiene su origen en el castillo que perteneció a la familia ducal Gandalfi en el siglo XII. La construcción del palacio fue iniciada por el Papa Urbano VIII, que gobernó como Papa entre 1623 y 1644. Forma oficialmente parte del Estado Vaticano y la antigua Villa Barberini fue construida sobre las ruinas de una villa del emperador romano Domiciano. A partir de 1936, momento en el que se detectó que las luces de Roma impedían la observación de las estrellas más lejanas desde el Observatorio situado en la Ciudad Vaticana, pasó a albergar el Observatorio Vaticano. Se instalaron allí dos nuevos telescopios y un laboratorio de astrofísica. La biblioteca del castillo posee cerca de veintidosmil libros, destacando entre ellos, libros antiguos de Copernico, Galileo y Sir Isaac Newton. Durante los Juegos Olímpicos de 1960, el pueblo acogió las pruebas de remo. La zona es famosa por sus melocotones, su vino y por los peces que pueden pescarse en su lago.

Los Evangelios Gnósticos

La palabra *Gnóstico* viene del griego *gnosis* y significa «conocimiento», especialmente conocimiento esotérico. El gnosticismo es un sistema de dualismo religioso; la creencia de que los poderes equivalentes del bien y del mal regían el Universo.[1]

---

1. Algunos gnósticos creían que el mundo material, gobernado por el Dios que lo creó, «Rex Mundi» (Rey del Mundo) es malo, mientras que el mundo espiritual, creado por el Dios que lo gobierna, se consideraba bueno.

Algunos creían también en «Abraxas», a quien se consideraba omnipotente y tanto bueno como malo.

El término «Abraxas» fue utilizado por los basilideanos, una secta gnóstica del siglo II. La palabra mágica «Abracadabra» deriva de este nombre. Creían que Jesucristo venía de Abraxas y que vivía como un fantasma en la tierra. Le otorgaron un significado especial al nombre de Abraxas porque contenía las siete letras griegas que sumadas daban como resultado trescientos sesenta y cinco, el número de días de tres de cada cuatro años. Como extensión de esta creencia, se pensaba también que Abraxas gobernaba sobre los trescientos sesenta y cinco dioses, cada uno de ellos con una virtud distinta, de modo que cada día del año correspondía a una virtud en particular.

Los Evangelios Gnósticos cayeron finalmente bajo la categoría de lo que se conoce como Nuevo Testamento Apócrifo. El término «Apócrifo» significaba originalmente que los escritos eran secretos y que únicamente estaban aceptados por algunos cristianos y por grupos herejes minoritarios. A partir del siglo IV, vino a referirse a libros que no se leían públicamente en la Iglesia. Finalmente, su estatus ante los ojos de la Iglesia disminuyó hasta el punto en que llegó a decirse que eran una invención.

Los Evangelios Gnósticos están escritos en nombre de los apóstoles, o en su entorno, pero no por ellos. Fueron realizados durante el siglo II d.C., antes de que se redactara la lista de libros aceptados del Nuevo Testamento. Originalmente existían muchos evangelios distintos, pero en 367 d.C., el obispo Atanasio de Alejandría seleccionó algunos de los escritos y fueron esos textos los que aprobó el Concilio de Hippo en 393 d.C. Posteriormente, la lista fue recortada todavía más y finalmente se aprobaron tan sólo los Evangelios de Mateo, Marcos, Lucas y Juan.

Estos escritos se vieron gradualmente excluidos de la lectura cristiana, tanto en público como en privado. La mayoría ha sobrevivido sólo como fragmentos, aunque algunos se han descubierto en papiros griegos y coptos localizados en Egipto. Reflejan las creencias populares de la época sobre Cristo, sus seguidores y las tradiciones cristianas. La Iglesia consideraba falso lo que estos libros decían de Cristo y, en consecuencia, denegaron el permiso para su lectura.

El Evangelio de Felipe, del que el personaje Leigh Teabing de *El Código Da Vinci* dice que «siempre es un buen lugar por donde empezar», es uno de los Evangelios adscritos a los Doce Apóstoles y es lo que se conoce como un tratado Valentiniano Gnóstico. Valentín fue un filósofo religioso egipcio que fundó las escuelas de Gnosticismo de Roma y de Alejandría. El Evangelio de Felipe es un conjunto de alrededor de un centenar de relatos cortos procedentes de la enseñanza gnóstica cristiana. Detalla ritos de iniciación y los significados de los nombres, especialmente del de Jesús. Y lo que más controvertido resulta, y seguramente una de las razones por las que le resulta tan atractivo a Teabing, es que declara: «Hay quien dice que María concibió por el Espíritu Santo. Se equivocan. No saben lo que se dicen». El Evangelio fue encontrado en los papiros del Códice del Nag Hammadi, un conjunto formado por trece códices de escrituras y comentarios Gnósticos escritos entre el siglo II y III (a pesar de que los códices son copias del siglo IV), descubiertos en 1945. Nag Hammadi está situado en la orilla oeste del Nilo, en el Alto Egipto, en o cerca de la localización de la antigua ciudad de Chenoboskion.

Autorretrato de Leonardo da Vinci

La Virgen de las rocas,
de Leonardo da Vinci

La Mona Lisa,
de Leonardo da Vinci

La Última Cena, de Leonardo da Vinci

La Adoración de los Magos, de Leonardo da Vinci

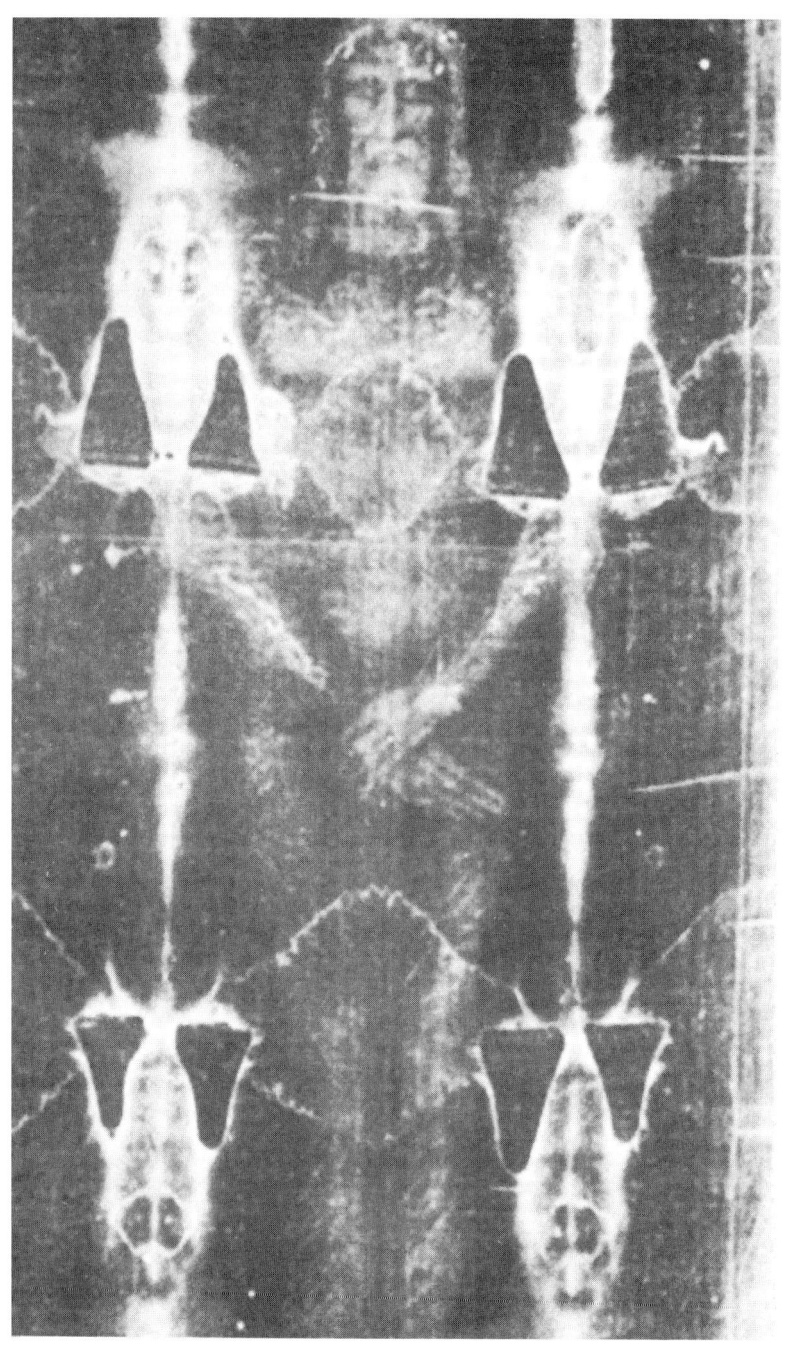

El Santo Sudario de Turín

Grabado en madera representando al Gran Maestre de los Caballeros Templarios, Jacques de Molay, con las manos atadas

Caballeros Templarios quemados en la pira

La casa de Nicolas Flamel
en París, hacia 1900

La casa de Flamel
en la actualidad

Escultura de Berènger Saunière
en el Museo Saunière

Anagrama oficial
del Priorato de Sión

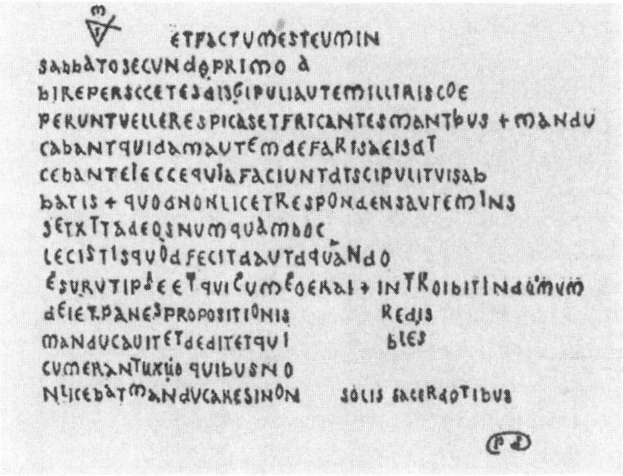

Primer pergamino Saunière

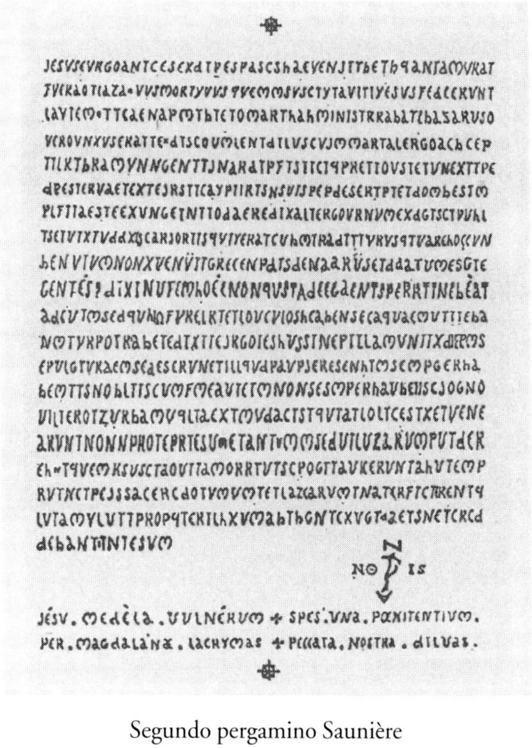

Segundo pergamino Saunière

Escultura de Asmodeus en la iglesia de Rennes-le-Château (cortesía de Tracy Twyman)

La torre Magdala

Los pastores de la Arcadia, de Nicolás Poussin

La iglesia de Rennes-le-Château a la derecha (cortesía de Tracy Twyman)

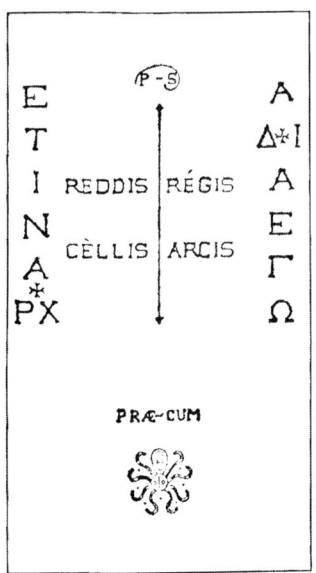

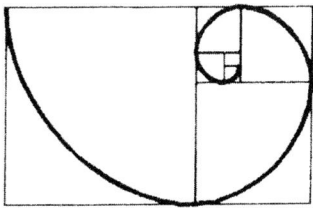

La tumba de Marie de Blanchefort en el cementerio de Rennes-le-Château, mostrando el símbolo «PS» del Priorato

La Espiral Fibonacci

El Cáliz del Santo Grial en la catedral de Valencia

El Papa Juan Pablo II besando el Cáliz, el 8 de noviembre de 1982

Fresco medieval representando la Donación de Constantino en la iglesia de Santi Quattro Coronati, Roma

Cuarteles generales del Opus Dei en Nueva York

Baphomet dibujado por el ocultista francés Eliphas Lévi

Carta del Tarot representando El Ahorcado,
atribuida a Jacquemin Gringonneur

El Louvre

La Pirámide Invertida en el Louvre

La iglesia de Saint-Sulpice

La «Línea Rosa» (supuestamente la original, antigua), meridiano que pasa por la iglesia de Saint-Sulpice

El Château de Villette

La capilla Rosslyn

La iglesia del Temple en Londres. Dibujo de Tho. H. Shepherd, grabado por J. Carter. Publicado el 16 de agosto de 1828, Jones & Co., Londres.

El pilar del Aprendiz,
capilla Rosslyn

Abadía de Westminster
(cortesía de LaLa [Imre Olajos, Jr.])

11

Localizaciones parisinas destacadas presentes en *El Código Da Vinci*

El Louvre

El Musée du Louvre es el museo y galería de arte nacional de Francia. Ocupa parte de un gran palacio construido en el lugar que ocupaba una fortaleza del siglo XII de Felipe Augusto. El rey Francisco I la hizo demoler para construir el actual edificio. Este rey fue un gran coleccionista de arte y los monarcas que le sucedieron fueron añadiendo piezas tanto al Louvre como a su colección de arte.

Cuando Luis XIV trasladó la corte a Versalles, el Louvre dejó de ser palacio real y en el siglo XVIII fue utilizado por primera vez como galería de arte. Durante las décadas de 1980 y 1990, el museo fue remodelado para facilitar el acceso al público. En los sótanos del Louvre se inauguró un gran complejo lúdico y un centro comercial y en el patio (el Cour Napoleón) se construyó la controvertida pirámide de cristal y acero, diseñada por el arquitecto norteamericano I.M. Pei. Fue también él quien diseñó la nueva ala con un área de casi setenta mil metros cuadrados.

La pirámide no tiene seiscientos sesenta y seis paneles de cristal, como afirma Dan Brown, sino seiscientos setenta y cinco paneles de forma romboidal y ciento dieciocho de forma rectangular. Mide doscientos treinta y siete metros de altura y está flanqueada por tres pirámides de menor tamaño.

La colección del Louvre de pinturas del período comprendido entre el siglo XV y el siglo XIX no tiene parangón en el mundo, y el resto de la galería cubre una inmensa área de arte, antigüedades y tesoros que pertenecieron a la familia real francesa.

La Pirámide Invertida se localiza en el centro comercial subterráneo, justo al oeste del Louvre, con el que conecta. La estructura está hecha totalmente de cristal para permitir la entrada de la luz del sol.

La iglesia de Saint-Sulpice

La iglesia de Saint-Sulpice está situada en una esquina de Rue Paletine con la Place de Sulpice. Posee dos torres y presenta un aspecto sólido y macizo. En la torre de la izquierda, quizá con cierta incongruencia, aparece la inscripción hebrea *jahwe*. La planta de la iglesia y su tamaño son iguales a la de Nôtre Dame. Su construcción se inició en 1646 sobre los restos de una iglesia más pequeña. Los diversos estilos representados en el edificio se deben a las muchas interrupciones que sufrió la construcción. La línea de cobre que representa la línea del meridiano de París, o «línea rosa», atraviesa el coro. El precursor del telégrafo, lo que se dio a conocer como sistema Chappe y que consistía en una línea de señal visual entre París y Rouen, fue instalado en el tejado y utilizado hasta 1850. Baudelaire y el marques de Sade fueron bautizados en esta iglesia y Victor Hugo se casó en ella en una ceremonia muy especial celebrada en 1822.

Jean-Jacques Olier fundó el Seminario de Saint-Sulpice (los sulpicianos) y se relacionó con la Compagnie de Saint-Sacrement, que hemos comentado en detalle en la sección del capítulo 10 dedicada a las Sociedades Secretas. Se cree que la iglesia fue el centro de sus actividades. Otra creencia afirma que los documentos de la Compagnie de Saint-Sacrement que Luis XIV quiso confiscar fueron escondidos en Saint-Sulpice.

Los sulpicianos se consagraron a la formación de candidatos para el sacerdocio y el nombre de la orden viene de Sulpicio, obispo de Bourges en época merovingia. Fueron los fundadores de la ciudad de Montreal en Canadá, y los constructores en dicha ciudad de la iglesia de Nôtre Dame Basila, en 1829. Resulta interesante que su símbolo sean dos letras M, una sobre la otra y con la de arriba invertida.

El movimiento Modernista Católico fue una organización fundada para formar a expertos que defendiesen el significado literal de la Biblia. La idea fracasó, no obstante, pues cuanto más estudiaban los «expertos» el tema, más destacaban las diversas inconsistencias de la Biblia y menos convencidos estaban de la verdad de lo que allí estaba escrito. La Iglesia acabó acusándolos de ser francmasones. La sede del Movimiento Modernista Católico era Saint-Sulpice.

Rue Haxo

Esta calle empieza en Rue du Surmelin, número 39, y termina en Boulevard Sérier, número 67. Se prolonga desde el distrito diecinueve hasta el distrito veinte de París. Entre los números 16 y 36 no hay edificios; el Banco de Depósito de Zurich mencionado en *El Código Da Vinci* estaba supuestamente en el número 24, que no existe. Tampoco existe el banco, a pesar de que el editor del libro, Doubleday/Random House, ha creado una falsa página Web con el nombre de www.depositorybankofzurich.com

El Château de Villette

El castillo donde vive el personaje de Leigh Teabing en *El Código Da Vinci*, está situado a treinta y cinco minutos al noroeste de París, cerca de Versalles. Fue diseñado en 1668 por el arquitecto francés François Mansart para Jean Dyel, conde d'Aufflay, embajador de Luis XIV en Venecia, y fue terminado en 1696 por su sobrino, Jules Hardouin-Mansart. Se trata de uno de los castillos más importantes de Francia y está en la actualidad disponible para la celebración de reuniones, seminarios, fiestas, bodas y otros acontecimientos especiales. Posee once dormitorios. Sus terrenos poseen además, dos lagos de forma rectangular. El palacio de Versalles es contemporáneo del Château de Villette.

12

La Capilla Rosslyn

Tal y como Dan Brown apunta en *El Código Da Vinci*, el apodo de la Capilla Rosslyn es el de la «Catedral de los Códigos». Es conocida también como «el tapiz de piedra» y, en algunos casos se menciona asimismo, como «un jardín de piedra». Todos estos epítetos son más descriptivos y menos engañosos que su nombre «cristiano» de Iglesia Colegiata de San Mateo, que enfatiza su capacidad como capilla episcopal plenamente operativa. Los demás nombres indican, bastante correctamente, que la Capilla Rosslyn esconde un mensaje que va mucho más allá que el de otros edificios cristianos. De hecho, el profesor Philip David, el destacado especialista en temas bíblicos y en los rollos del Mar Muerto, dice que el edificio no tiene nada de cristiano, exceptuando los añadidos del siglo XIX. Llegó a la conclusión de que el motivo de su construcción fue esconder un secreto medieval. Debido a su asociación con la fundación de la francmasonería, el edificio fue conocido también en Edimburgo como «Logia Número Uno». La Capilla se encuentra en el pueblo de Rosslyn (o «Roslin»), cerca de Edimburgo, en el valle de Esk, a escasos kilómetros del centro templario de «Ballandroch», cuyo nombre significa «la Casa del Guerrero».

En *El Código Da Vinci*, Robert Langdon le explica a Sophie Neveu que la palabra «Roslin» significa «Línea de la Rosa», aunque existe otra explicación. Hay quien dice que «Roslin» es una palabra gaélica cuyo significado es «conocimiento antiguo transmitido a través de generaciones», mientras que otros dividen la palabra entre las palabras celtas «ros» («promontorio») y «lin» («cascada»). Y aún existe otra traducción, tal vez la más interesante, que habla de «piedra caída del cielo», una frase con implicaciones masónicas, alquímicas y relacionada con Lucifer. Quizá la definición menos atractiva sea la que aparece en el *Diccionario Cassell de nombres escoceses*, que la traduce como «marisma de un pantano».

La Capilla Rosslyn fue construida para el príncipe de Orkney, Sir William Saint Clair, y fue completada por su hijo Oliver en 1486. El nombre «Saint Clair» (actualmente «Sinclair») viene del latín «Sanctus Claris», que significa «Luz Sagrada». La piedra con la que fue construida la Capilla ha sido identificada por el doctor Jack Millar, Jefe de Estudios de Geología de la Universidad de Cambridge, como procedente exactamente de los mismos estratos que se encuentran en Jerusalén. Tal y como Dan Brown indica en *El Código Da Vinci*, y como los autores Christopher Knight y Robert Lomas demuestran en su libro *La llave Hiram*, la planta de Rosslyn es prácticamente idéntica a la del Templo de Salomón. El muro oeste, de gran tamaño, es particularmente parecido al de las ruinas del Templo de Herodes. Los pilares de Boaz y Jachin, situados en la entrada del Templo de Salomón, se encuentran en la Capilla Rosslyn exactamente en la misma posición. Más aún, la enorme cruz de Saint Clair angrelada que aparece en el techo, señala exactamente el lugar de la planta donde el «Sagrado de los Sagrados» se conservaba en el Templo de Salomón.

Cuando, a lo largo del período medieval, los Caballeros Templarios construyeron catedrales por toda Europa, aceptaron el ingreso de sus albañiles, o maestros de la obra en piedra, en los escalones más bajos de la orden Templaria. Siguiendo el legado del poder de los Templarios, estos albañiles continuaron la observancia y la práctica de sus rituales en la Europa continental. Sir William Saint Clair decidió contratar en Europa a seis de estos albañiles para la construcción de la capilla Rosslyn, en lugar de utilizar albañiles escoceses. Fue así como nació la Francmasonería de Rito Escocés y como los Saint Clair se convirtieron en sus patrones por herencia y en los Grandes Maestres que siguen siendo en la actualidad.

Los Saint Clair eran originarios de Normandía y habían sido una de las familias más influyentes en Europa desde el siglo X. Al principio, pareció que querían amenazar el linaje del rey David I de Escocia, que reinó entre 1124 y 1153. En 1057, el rey escocés Malcom III, conocido también como Malcom Cammore («el Cabeza Grande»), había investido a los Saint Clair con la baronía de Rosslyn. Marie de Saint Clair se casó con el primer Gran Maestre del Priorato de Sión, Jean de Gisors. El Priorato de Sión, como sabemos, estaba integrado por miembros de la cercana Orden del Temple. Y naturalmente, uno de los Grandes Maestres más recientes del Priorato de Sión es Pierre Plantard de Saint-Clair, quien afirma ser descendiente de esta familia. En *El Código Da Vinci*, Robert y Sophie llegan a Rosslyn siguiendo una serie de pistas y descubren allí a la madre y al hermano de Sophie, desaparecidos desde hace tanto tiempo que Sophie había llegado a darlos por muertos. Descubre que son miembros de la familia Saint Clair, los protectores por herencia de la Capilla.

Las paredes interiores y los techos de la Capilla Rosslyn están adornados con símbolos de la francmasonería, de los Templarios, del judaísmo y del cristianismo, junto con algunos motivos islámicos. A pesar de que la abundancia de relieves proporciona el aspecto de una cacofonía discordante, cada elemento está allí por un motivo y aparece fuertemente relacionado con los efectos que lo rodean. Los lectores de *El Código Da Vinci* recordarán el asombro de Robert Lagdon ante la plétora de simbolismo que descubre en la capilla Rosslyn. Es aquí donde Robert y Sophie descubren un código que apunta hacia el Sello de Salomón –emblemático, escribe Dan Brown–, del cáliz y la espada, la unión de las energías masculina y femenina personificada en el símbolo Grial.

En la entrada nos da la bienvenida un monumento al «Hombre Verde» pagano o «Jack, el Verde». Sus ojos perdidos, misteriosos y vacíos siguen nuestros movimientos en el interior de la Capilla de forma inquietante. Se dice que esta escultura está siempre mucho más fría que las piedras que la rodean y hay quien afirma que es difícil, sino imposible, fotografiarla.

El Pilar del Aprendiz es un elemento dominante de la Capilla y hay quien pensó que contenía el Santo Grial. Sin embargo, cuando Tony Word y Greg Mills lo examinaron mediante un radar Groundscan, fueron incapaces de encontrar nada en su interior. Lo más probable es que los relieves del pilar constituyan un código que comunique alguno de los secretos del Santo Grial. De este modo, el secreto quedaría conservado para las futuras generaciones de la rama Saint Clair de la familia Grial. En cuanto al significado de este código, existen muchas teorías. Para diversos observadores, los juegos de luces y sombras producen cosas que van desde una Madonna temblorosa y embarazada, hasta una doble y ondulante hélice de ADN. Se dice que el Pilar del Aprendiz recuerda el Árbol de la Vida de Noé, el Yggdrasil, árbol mitológico que forma un puente entre el cielo y el infierno. La mayoría de los observadores coinciden, eso sí, en que definitivamente, en ese pilar hay alguna cosa.

El Pilar del Aprendiz fue construido, como dice su nombre, por un aprendiz de maestro del trabajo en la piedra. La historia cuenta que el maestro para el que estaba trabajando tuvo que desplazarse a Roma para inspirarse antes de esculpir el pilar. Al regresar, descubrió que el aprendiz lo había terminado personalmente y, lo que es más, que había realizado un trabajo exquisito. En lugar de disfrutar pensando en el sobresaliente trabajo de su aprendiz, cayó en un estado de rabia tan absoluto que apaleó al aprendiz hasta matarlo. La historia guarda un misterioso parecido a la leyenda de Hiram Abiff, el arquitecto del Templo de Salomón que fue asesinado por su aprendiz, al menos según cuenta el ritual masónico. Sin embargo, se dice que el obispo de St. Andrew solicitó el retraso de la consagración del edificio debido a un acontecimiento violento que se había producido durante la construcción. Además, en la Capilla hay un relieve de un hombre joven, de quien se dice debió ser el aprendiz asesinado, con una herida en la cara. Sin embargo, es posible que el daño estuviese causado de forma fortuita o intencionada.[1]

Según la leyenda, el maestro esculpió también un pilar, el llamado «Pilar del Masón», que puede verse hoy en día en el interior de la Capilla. Una versión alternativa de la leyenda afirma que este pilar es un señuelo y que el verdadero Pilar del Masón se encuentra en un jardín privado de Cintra, Portugal. No se sabe si se inspiraría en algo visto en Roma o si estaría compitiendo con su aprendiz muerto, pero se dice que su pilar estaba incluso más ornamentado que el realizado por la víctima de su rabia.

Otra escultura de gran interés es la del ángel invertido. Está colocado en el centro exacto de la pared oriental, tremendamente esculpida, y aparece representado como si estuviera suspendido por una cuerda atada a sus piernas. Representa a Shemhazai quien, según la leyenda apócrifa, jugó su papel en el advenimiento del Diluvio.

Según estas leyendas, Dios estaba tan disgustado por los pecados cometidos por el ser humano que se arrepentía de haber creado un animal tan maligno. Reconociendo la situación de apuro de Dios, hubo dos ángeles, Azazel y Shemhazai, que se ofrecieron para bajar a la tierra e influir a los hombres para que se portaran mejor. Dios accedió al plan pero, al cabo de un tiempo, los ángeles empezaron a mezclarse con los humanos y a adoptar sus modales característicamente malos. Shemhazai convenció incluso a doscientos ángeles para que cohabi-

---

1. Oliver Cronwell, que nunca respetó mucho ni la belleza ni la tradición (que incluso prohibió las celebraciones navideñas), utilizó la Capilla como establo en 1650, mientras él y sus tropas asaltaban el castillo Roslin. Los daños podrían haberse producido también en 1658, cuando la Capilla fue atacada por una chusma de Edimburgo y algunos campesinos de Roslin que la consideraban un ejemplo de los excesos del catolicismo romano.

taran con mujeres humanas. Los niños resultantes de estas uniones influyeron sobre los hombres para que cometieran pecados mayores si cabe. Naturalmente, Dios se puso furioso ante este giro de los acontecimientos y le dijo a Shemhazai que enviaría un gran Diluvio que destruyera la Tierra si las cosas no mejoraban.

Shemhazai expió sus pecados, pero seguía sintiéndose profundamente avergonzado. Se colgó boca abajo entre el Cielo y la Tierra para no tener que mirar a Dios a la cara.[2] Pero Azazel no tenía los mismos sentimientos de arrepentimiento. De modo que continuó con su comportamiento lascivo hasta que Dios no pudo soportarlo más y produjo el Diluvio como castigo tanto para el hombre como para los Ángeles Caídos.

Muchos reconocerán esta historia como un relato casi idéntico a la historia que aparece en *El libro de Enoch* sobre los Ángeles Caídos, los llamados «Observadores». *El libro de Enoch* fue en principio, aceptado por la Iglesia cristiana que lo rechazó posteriormente. El libro contenía referencias mágicas y astronómicas. Michael Black, el especialista bíblico que ha publicado el análisis más actualizado de la obra, dice de la misma: «Lo que el libro presenta al lector es una estrafalaria variedad de tradiciones disparatadas y solapadas, incluyendo unidades de narración y de discurso [...]. *El libro de Enoch* es un laberinto concebido como un complicado rompecabezas, o más bien como un conjunto de rompecabezas, que, después de haberse unido para conseguir la imagen general, deja aún pendientes elementos no relacionados precisando de los intentos más ingeniosos para encajarlos en un todo coherente [...] no existe ningún hilo de Ariadna que conduzca al lector por el Labe-

---

2. Esto podría relacionarse con relatos que abundan en muchas culturas del mundo en los que aparece un dios heroico que baja del Cielo sujeto a una cuerda para iluminar al ser humano, como el «Marut» islámico, el «Mura» budista, el «Tule» sudanés y el «Imana» del África Oriental. En la tradición occidental del tarot, esta imagen del ángel colgado boca abajo con una cuerda queda representada con la carta del «Ahorcado».

rinto Enoquiano». Incluso en *Génesis* 6 se encuentran remanentes de la leyenda, refiriéndose a los Ángeles Caídos como «los hijos de Dios» y a su no sagrada prole como «gigantes» o «nephilim». Éste es evidentemente, el origen del relato de los Ángeles Caídos guiados por Lucifer en *El paraíso perdido* de Milton. De hecho, el libro *La Capilla Rosslyn*, escrito por el conde de Rosslyn, declara explícitamente que la escultura del ángel invertido representa a Lucifer.

Diversos investigadores han sugerido que este mestizaje entre hombre y ángel es el verdadero origen del linaje de los patriarcas bíblicos y, por lo tanto, el verdadero origen del linaje europeo Grial. Así pues, en *El libro de Enoch*, Noe (antepasado de Cristo) queda descrito como uno de los hijos de los Guardianes. En este relato, Noe es descrito en su nacimiento como:

> *... un niño, cuya carne era blanca como la nieve y roja como una rosa; el cabello de su cabeza era blanco como la lana, y largo; y sus ojos eran bellos. Cuando los abrió, iluminó toda la casa, como el sol, la casa entera se llenó de luz.*

El padre de Noé, Lamech, destaca que «no parece como si fuese mío, sino de los ángeles».

Resulta interesante la alusión que de esta historia se hace en *El Código Da Vinci*, cuando otro personaje le dice al personaje de Silas, que también tiene ojos albinos y la piel blanca como la nieve:

> *¿No sabías que Noe era albino? Igual que tú, tenía la piel blanca como un ángel.*

La historia de *El libro de Enoch* se cuenta tanto en narrativa literal como en parábola. En el último caso, el descendiente de los Ángeles Caídos del Cielo a la Tierra queda simbolizado por una estrella que cae del Cielo. Esto cuadraría con la descripción que el destacado poeta medieval, Wolfram von

Eschenbach, realiza del Grial, definiéndolo no como un cáliz, sino como una «piedra que cayó del Cielo», literalmente, una piedra preciosa desprendida de la corona de Lucifer durante la rebelión que cayó a la Tierra. Se convirtió entonces en la posesión más preciada del hombre. En cierto sentido, este simbolismo representa no sólo el descenso de los ángeles a la Tierra, sino también el descenso *biológico* del linaje del Grial a partir de los Ángeles Caídos. El símbolo de la «piedra del cielo» o de la «estrella resplandeciente» es un elemento central de los misterios de la francmasonería y del ocultismo en general.[3] Teniendo esto en cuenta, el hecho de que «Roslin» pueda querer decir «piedra caída del Cielo» parece bastante significativo.

Además de la abundancia de simbolismo pagano, cristiano, judío, masónico e, incluso, relacionado con Lucifer, una cantidad relevante del tesoro y el código de Rosslyn tiene que ver con la historia de la familia Saint Clair. Cuando Robert de Bruce falleció en 1329, William de Saint Clair, obispo de Dunkeld, asumió la responsabilidad de llevar su corazón a Jerusalén, conservado en un cofre de plata, para que fuese enterrado allí. Por el camino, estando en Andalucía, el rey Alfonso de España solicitó la ayuda de su grupo para combatir a los sarracenos y William de Saint Clair y sus caballeros fueron masacrados. Los sarracenos quedaron tan impresionados ante la valentía mostrada por los caballeros que devolvieron el corazón a Escocia (esta vez guardado en el interior de una caja de esmaltes), donde fue enterrado en la abadía de Melrose (un recinto con una importante historia templaria). La calavera y los huesos de las piernas de William Saint Clair fueron finalmente enterrados en la capilla Rosslyn.

Muchos investigadores se han percatado que entre los diversos grabados de la capilla que representan plantas y vegetación, aparecen muchas representaciones de especies existentes sólo en América (como el maíz y el aloe vera) y que,

---

3. El símbolo de la estrella aparece grabado en la parte superior de la entrada de la iglesia de Rennes-le-Château.

por lo tanto, no deberían conocer los maestros escultores de Rosslyn cuando la capilla fue construida, casi cincuenta años antes del descubrimiento de América por Colón. Sin embargo, es posible que conocieran estas especies a través de su asociación con los Saint Clair. Algunos historiadores creen que Henry Saint Clair (conocido como el «Príncipe Enrique el Navegante») partió hacia las Américas con doce barcos en un momento tan temprano como 1398. Quedan todavía diversas huellas de sus viajes. En la isla de Cape Breton, Nueva Escocia, existe todavía un cañón del tipo utilizado por la flota de Saint Clair. En Westford, Massachussets, es posible ver la tumba de uno de los caballeros de Henry Saint Clair, y hay allí una efigie de un caballero del siglo XIV excavada en un saliente rocoso. En Newport, Rhode Island, existe una torre medieval circular de dos pisos de diseño típicamente escocés. Guarda un gran parecido con la capilla de Orphir del siglo XII, construida en Orkney siguiendo el estilo de los Caballeros Templarios.

Existe una peculiar leyenda que afirma que cuando fallece un miembro de la familia Saint Clair, las piedras de la Capilla Rosslyn cobran un especial resplandor. Las últimas noticias que se tienen de que esto sucediera fue cuando un miembro joven de la familia murió en combate cinco días después del estallido de la Segunda Guerra Mundial.[4] Sir Walter Scott escribió sobre este fenómeno en su poema *El canto del último juglar*, que dice:

> *Sobre Roslin, toda aquella triste noche,*
> *Se vio brillar un maravilloso resplandor;*
> *Era más potente que la luz de la hoguera,*
> *Y más roja que la luna llena.*

---

4. El incidente está informado de fuentes bastante fiables. El miembro de la familia fallecido estaba en servicio activo en la RAF (British Royal Airforce).

Las historias más fascinantes sobre la Capilla Rosslyn hablan de un tesoro escondido allí. Se ha descubierto una cripta con la misma profundidad y altura que la capilla, pero accesible en este momento sólo a través de una escalera muy antigua y llena de arena fina. William Saint Clair («El atractivo») trajo de Tierra Santa el «Crucifijo Sagrado», que se supone parte de la verdadera cruz y que está impregnado con sangre de Cristo. Es la reliquia que dio nombre al palacio y a la abadía de Holyrood House.

El Crucifijo Sagrado y la Piedra de Scone se consideran los objetos más valiosos de entre todos aquellos relacionados con la corona escocesa. Sir William Sinclair salvó muchos tesoros escoceses durante la Reforma y se cree que los escondió en la Capilla Rosslyn. De ser éste el caso, es más que probable que sigan hoy en día en la cripta. Se piensa que también en la cripta podría encontrarse parte del tesoro templario trasladado de Francia a Escocia durante la Inquisición católica. E incluso, podrían estar también allí los rollos de los sacerdotes Zadok del Jerusalén del siglo I. Éste es quizás el tipo de tesoro de más valor que la Capilla Rosslyn podría revelarnos. Y quizá fuera eso a lo que Sir William Sinclair se refería cuando inscribió en latín la frase siguiente en un dintel junto al Pilar del Aprendiz:

«El vino es fuerte, más fuerte es el rey, las mujeres son incluso más fuertes, pero la VERDAD lo conquista todo.»

13

Londres

La iglesia del Temple

Según nos cuenta Dan Brown en *El Código Da Vinci*, la iglesia del Temple data de 1185. Pero a pesar de que la planta de la estructura original permanece inalterada, los restauradores, particularmente los del siglo XIX, se aseguraron de que, tal y como dijo el arquitecto Walter Godfrey, «cualquier superficie antigua fuera retirada o renovada». Se cree que la iglesia, que fue construida por los Caballeros Templarios al mismo tiempo que su casa principal, fue concebida no imitando el Santo Sepulcro de Jerusalén, como afirma Brown, sino siguiendo el diseño circular de la Bóveda de la Roca.

La iglesia está construida en lo que se conoce como estilo de Transición. Se utilizó con total libertad el mármol de Purbeck, procedente de Dorset, en el sur de Inglaterra. La consagración fue llevada a cabo por Heraclio, Patriarca de Jerusalén, en presencia del rey Enrique II y fue dedicada a la Virgen María. Se construyó también una pequeña capilla dedicada a Santa Ana. Todo lo que queda ahora es su cripta, en la que se desarrollaban ceremonias secretas de iniciación. En 1959 se descubrió otra capilla subterránea que se supone era el tesoro de los Caballeros Templarios. La iglesia posee también una celda de penitencia donde murió de hambre Walter-le-Bachelor, el Gran Preceptor de Irlanda, por haber desobedecido al Maestre de la Orden.

Siguiendo el declive que sufrieron los Templarios en el siglo XIV, la propiedad fue entregada a los Caballeros Hospitalarios que cedieron la iglesia del Temple a los jueces hasta que Enrique VIII se hizo con la propiedad. El rey Jaime I entregó la propiedad absoluta a los jueces con la condición de que la conservaran para siempre. Actualmente, el nombramiento del capellán o Maestre es prerrogativa del monarca y no del obispo de Londres.

Sir Christopher Wren, a quien Dan Brown se refiere como «el benefactor más famoso de la iglesia del Temple», decidió «embellecer» la iglesia en 1682 y fue entonces cuando se añadieron las almenas y los contrafuertes. En aquella época, eran los jueces los que utilizaban la iglesia y un empleado del Temple, John Playford, instaló una tienda de música en el porche oeste donde Samuel Pepys, el famoso escritor de diarios, compraba partituras de las últimas novedades musicales.

La mayoría de las renovaciones realizadas en el siglo XIX fueron destruidas en el transcurso de los bombardeos que Londres sufrió durante la Segunda Guerra Mundial y, por lo tanto, contrariamente a lo que escribe Dan Brown, la iglesia no sobrevivió sin sufrir daños a la guerra. Varias de las esculturas de los caballeros Cruzados repartidas por la iglesia resultaron también dañadas, aunque han sido bien reconstruidas. Las ventanas del lado este fueron también destruidas por los bombardeos.

En Londres existen cuatro «Colegios de Abogados» o «Inns of Court»: Lincoln´s Inn (fundado en 1422), Middle Temple (1501), Inner Temple (1505) y Gray´s Inn (1569). Tienen el derecho exclusivo de admitir a sus miembros en los tribunales ingleses y tienen el reconocimiento de «Honorable Sociedad». El rey Jaime I concedió a los jueces la propiedad absoluta de la iglesia: la mitad sur a los miembros del Inner Temple y la mitad norte a los del Middle Temple. La condición era el mantenimiento de la iglesia y de sus servicios en perpetuidad. Hasta la fecha, se ha mantenido la costumbre de que los abogados del Inner Temple y del Middle Temple sigan ocupando sus mitades respectivas.

La abadía de Westminster

En el lugar donde hoy se encuentra la abadía de Westminster siempre ha existido una iglesia, desde que el rey Seberto de los sajones del Este la fundó en el siglo VII. En aquella época, la iglesia original debió edificarse en Thorney Island. Hoy en día, la isla ya no existe como consecuencia del ensanchamiento del río Támesis y la isla se ha convertido en tierra firme. Según parece, la iglesia se fundó siguiendo las instrucciones de San Pedro, que estuvo presente cuando Melitus, el primer obispo de la iglesia, realizó la consagración del edificio. En el Tapiz de Bayeaux, la iglesia aparece con una torre central, transepto y cubierta a dos aguas.

La abadía fue construida por Eduardo el Confesor y consagrada en 1065. Para honrar a Eduardo, Enrique III juró construir una abadía más monumental siguiendo el estilo gótico, dejando en pie sólo algunas partes de la estructura original. Desde el siglo XIII al siglo XVI, los reyes ingleses fueron aportando sus contribuciones al diseño de la abadía, lo que ha dado como resultado un popurrí de estilos. En este sentido, guarda cierto parecido con la actual familia real británica, resultado también de diversos orígenes y que lleva tiempo utilizando la abadía como «iglesia parroquial» para la celebración de bodas, coronaciones y funerales. Sin embargo, como Dan Brown nos cuenta en *El Código Da Vinci*, la identidad de la abadía no es ni la de una catedral ni la de una iglesia parroquial, sino que es lo que se conoce como una «peculiaridad real» bajo la jurisdicción de un Deán y un Capítulo, dependientes únicamente del Soberano. La entrada se encuentra en un lado de la iglesia, en el transepto norte, a pesar de que en el plano de planta de la abadía aparece en el lado izquierdo.

El rey Eduardo el Confesor dedicó la iglesia a San Pedro, acatando la solicitud del Papa León IX. Guillermo I de Normandía, el Conquistador, fue el primer rey coronado en la abadía. Fue él quien derrotó al rey inglés Harold en la batalla de Hastings. La coronación tuvo lugar el día de Navidad de 1066 y los ingleses se congregaron en la puerta para vitorear al rey. Los asustadizos normandos confundieron los gritos y Guillermo temió por su vida durante todo el transcurso de la ceremonia. Después de la coronación, los normandos atacaron a la multitud e incendiaron algunos edificios. El evento poco hizo para mejorar las siempre tan frágiles relaciones anglo-francesas.

Desde entonces, la coronación de los monarcas británicos se ha realizado siempre en la abadía de Westminster, con las excepciones de Eduardo V y Eduardo VIII. También muchos de ellos fueron enterrados allí. El nuevo edificio de la iglesia se vio muy influido por las iglesias que el rey Enrique III había visto en Francia, como la de Amiens, con la que guarda un especial parecido, y la Saint-Chapelle de París. De hecho, el pintor y escultor francés de origen ruso, Antoine Pevsner, la describió como la «más francesa de todas las iglesias góticas inglesas».

La mayoría de la iglesia, incluyendo la Sala Capitular, estaba completada en 1254. En 1413, Enrique IV sufrió un ataque en la abadía mientras se encontraba allí rezando y fue trasladado a la capilla de Jerusalén, donde falleció. En *Enrique IV, II Parte,* Shakespeare menciona este hecho y, para sumarle más efectividad, muestra al príncipe Enrique probándose la corona con su padre moribundo a su lado.

En 1540 fue disuelto el monasterio y los fondos que la abadía debería haber recibido fueron traspasados a la catedral de San Pablo; de ahí la expresión de «robarle a Pedro para pagarle a Pablo». Fue entonces cuando la abadía se convirtió en catedral. Los soldados de Oliver Cromwell, que hizo ejecutar a Carlos I y gobernó Inglaterra como Lord Protector entre 1653 y 1658, ocuparon posteriormente la abadía. Allí «rompieron las barandas que había delante del Altar y las quemaron bajo el calor de julio, y profanaron vilmente el Altar en sí echándole tabaco y todo lo que encontraron». Cromwell fue también enterrado en la abadía, pero durante la Restauración su cadáver fue exhumado, decapitado y enterrado a los pies del cadalso en Tyburn, el lugar donde tradicionalmente se realizaban las ejecuciones situado cerca de lo que hoy en día es el Marble Arch de Londres.

A finales del siglo XVII y principios del siglo XVIII, Sir Christopher Wren, el arquitecto diseñador de muchas de las iglesias que se construyeron en Londres después del gran incendio de 1666, restauró muchas partes de la abadía. A partir del siglo XVIII se erigieron en la abadía tantos monumentos y esculturas que han llegado a oscurecer la propia arquitectura.

La tumba de Sir Isaac Newton

Según nos explica *El Código Da Vinci*, Sir Isaac Newton está enterrado en la abadía de Westminster, en buena e ilustre compañía. El dramaturgo y abogado inglés Francis Beamont (1584-1616), que también está enterrado en la abadía, escribió:

> *Piensa cuántos huesos reales*
> *Duermen en estas montañas de piedras*
> *Aquí yacen, tuvieron reinos y tierras*
> *Que ahora desean que la fuerza agite sus manos.*

En la época en que escribió esto, la mayoría de los enterrados en la abadía eran personas de sangre real. Se dice que los primeros en ser enterrados allí fueron el rey Seberto y su esposa. Fue Ricardo II quien inició la práctica de enterrar en la abadía a plebeyos distinguidos y desde entonces, han sido muchos los militares de alto rango, científicos, músicos, poetas, clérigos, políticos y reformadores que han encontrado allí su lugar de eterno descanso. Geoffrey Chaucer fue el primer poeta enterrado en la abadía en 1400. Ben Johnson, poeta contemporáneo y amigo de William Shakespeare, está también enterrado allí. Se dice que Johnson solicitó una tumba en la abadía, pero no tenía mucho dinero y no quería dar la impresión de que pedía demasiado. Así que dijo: «Un metro y medio por sesenta de ancho es demasiado para mí, con sesenta por sesenta tengo bastante». De modo que fue enterrado de pie.

En la parte de la abadía conocida como el Rincón de los Poetas se venera a los poetas ingleses, aunque en su mayoría no están enterrados allí. De hecho, se consideraba que muchos de ellos habían llevado vidas inútiles y decadentes y no fue hasta varios años después de su muerte que se les consideró merecedores de algún tipo de conmemoración.

El monumento a Sir Isaac Newton se encuentra en la zona conocida como el Rincón de los Científicos. Fue diseñado por William Kent (1685-1748) y esculpido por Michael Rysbrack (1694-1770). Está realizado con mármol blanco y gris. El sarcófago tiene un panel donde aparecen representados diversos jóvenes utilizando los instrumentos matemáticos de Newton. Sobre el sarcófago hay una figura yacente que representa a Newton con el codo derecho apoyado sobre varias de sus obras más famosas. Con la mano izquierda señala hacia dos chicos que sujetan un rollo manuscrito donde aparece un diseño matemático. En el fondo hay un globo con los signos astrológicos del zodíaco y las constelaciones y describe el recorrido del cometa que apareció en 1680.

La inscripción en latín del monumento se traduce como sigue:

> *Aquí está enterrado Isaac Newton, Caballero, quien con un poder mental casi divino y con unos principios matemáticos peculiarmente propios, exploró el curso y las figuras de los planetas, los recorridos de los cometas, las mareas de los mares, las diferencias entre los rayos de luz, y, lo que ningún anterior erudito hubiera imaginado, las propiedades de los colores por*

ellos producidos. Diligente, sagaz y fiel en sus exposiciones de la naturaleza, la antigüedad y las Sagradas Escrituras, reivindicó con su filosofía la majestad de Dios bondadoso y bueno, y expresó la simplicidad del Evangelio con su conducta. ¡Los mortales se regocijan de la existencia de un ornamento tan grande de la raza humana! Nació el 25 de diciembre de 1642 y murió el 20 de marzo de 1726/7.

Newton fue enterrado en la abadía el 28 de marzo de 1727 y tuvo un funeral honorable. Su capilla fúnebre fue instalada en la capilla de Jerusalén y la mayoría de los miembros de la Royal Society asistieron al funeral. Los portadores de su féretro fueron el Lord Canciller, dos duques y tres condes.

La Sala Capitular

La Sala Capitular está situada en el claustro este. Fue construida entre 1245 y 1255 y fue allí donde tuvo lugar el Gran Concilio del rey Enrique III el 26 de marzo de 1257. Fue también utilizada, desde mitad del siglo XIV hasta 1547, entre los reinados de Eduardo I y Enrique VIII, como Cámara de los Comunes. Por este motivo, la Sala Capitular no está bajo el control del Deán y el Capítulo, sino que pertenece a la Corona. Después de eso, se utilizó hasta 1866 como lugar donde conservar documentos. Se trata de una construcción octogonal que alberga bellas esculturas, aunque en mal estado en su mayoría. Es famosa por poseer uno de los suelos embaldosados más elegantes de Inglaterra.

Los claustros

Antes de la Reforma, los claustros fueron un centro de gran actividad en la abadía monástica. Se utilizaban para la meditación y el ejercicio, así como medio de acceso a las diversas partes del monasterio. En aquella época, el claustro este se utilizaba como el lugar donde el abad celebraba lo que se denominaba «el Lavatorio». La ceremonia tenía lugar el jueves antes del domingo de Pascua y consistía en que el abad tenía que lavar los pies de trece monjes de mayor edad que él. El día sigue conociéndose con el nombre de Jueves del Lavatorio y el Soberano ofrece Dinero del Lavatorio (en libras y peniques) a los ancianos soldados conocidos como los Pensionistas de Chelsea, que viven en el Chelsea Royal Hospital de King's Road. En la época previa a la Reforma, la abadía donaba tres peniques a cada hombre, siete arenques ahumados, un poco de cerveza y tres barras de pan. Simultáneamente, en una demostración de humildad similar, en la zona sur de la abadía, los monjes lavaban los pies a los niños en el lugar donde aún puede verse su asiento para el Lavatorio, «un banco de piedra hermoso y alargado».

La capilla de Santa Fe

El edificio debe su nombre a una virgen del siglo III que fue martirizada por ser cristiana asándola en una parrilla. En el siglo XIII era una figura de culto en Inglaterra y Francia y la capilla fue construida en la década de 1250. En la capilla se conserva una pintura mural del siglo XIII en la que Santa Fe lleva una corona y sujeta el objeto que representa su martirio, la parrilla.

La cámara de la Píxide

La cámara fue construida entre 1065 y 1090 y seguramente fue en el siglo XIII cuando fue convertida en tesoro. Es probable también que se utilizara como sacristía en la época de Enrique III y durante la reconstrucción de la abadía principal. El suelo enlosado representa básicamente temas heráldicos. Durante la época de Eduardo I, la cámara de la Píxide formó parte del Ropero Real, pero fue saqueada en 1303 y robado todo el dinero y la plata, mientras el rey se encontraba en Escocia. Como consecuencia de esto se construyeron las dobles puertas de roble de seguridad que hay actualmente en la entrada de la cámara. De este modo, se consiguió la seguridad necesaria para almacenar allí los objetos valiosos propiedad del Erario. Los dos grandes baúles rectangulares que se encuentran en la cámara, datados en los siglos XIII y XIV, debieron fabricarse en el interior de la estancia.

El principal objetivo de la cámara de la Píxide se convirtió en albergar las cajas de madera donde se conservaban las muestras de todas las monedas, esperando a pasar lo que se conoce como la «Prueba de la Píxide». Se trataba de una demostración pública de la pureza del metal utilizado para acuñar las monedas que consistía en fundir monedas de muestra y medir su contenido en plata. La Prueba se realizaba en el palacio de Westminster y sigue realizándose actualmente en el Salón del Orfebre del Ayuntamiento de Londres.

Glosario

Arca de la Alianza: conocida en hebreo como Aron Ha-berit. Representa el cofre de madera, profusamente adornado y forrado con láminas de oro, que tradicionalmente contenía las dos Tablas de la Ley que Dios entregó a Moisés en la época bíblica, y es sagrada tanto para el judaísmo como para el cristianismo. El Arca se conservaba en la parte del Tabernáculo del antiguo Templo de Jerusalén conocida como el Sagrado de los Sagrados. Sólo tenían permitido verla los altos sacerdotes de los israelitas el día del Yom Kippur, la festividad de la Expiación. El Arca fue transportada por los levitas mientras los hebreos vagaban por el desierto. Los israelitas se hicieron acompañar alguna vez por ella en el campo de batalla. El rey David la llevó a Jerusalén y finalmente el rey Saúl la instaló en el Templo de Salomón. Se desconoce su actual paradero.

Baphomet: la palabra «Baphomet» podría ser una corrupción de la palabra «Mahomet» o «Mohammed», el profeta musulmán. Hay quien dice que la palabra es el resultado de la unión de dos palabras griegas y significaría entonces «absorción de la sabiduría». Durante su persecución, los Caballeros Templarios fueron acusados de adorar un ídolo llamado Baphomet, lo que admitieron bajo tortura. Se decía que podía adoptar la forma de una cabeza o de un gato negro. Se cree que la imaginería de Baphomet deriva del antiguo dios egipcio Amon, cuyo nombre significa «El

Oculto», y que es también conocido como la Cabra de Mendes. Eliphas Lévi, el ocultista del siglo XIX, describió algunas de las representaciones más habituales de Baphomet, señalando que podía adquirir distintas combinaciones de cabezas animales y humanas, aunque quizá la más destacada fuera la de cabeza de cabra y cuerpo de un hombre, pero con alas y pies con pezuñas (la Cabra Sabática). Este concepto de la Cabra Sabática lleva a la percepción actual del demonio. Tanto el ocultista británico Aleister Crowley como también el fundador de la Iglesia de Satán, Anton La Vey, adoptaron posteriormente la imaginería de Baphomet. Cuando se llevó a cabo el registro del preceptorado de París de los Templarios se encontró otra cabeza de Baphomet, ésta vez con la leyenda «Caput 58M». Resulta razonable suponer que cuando se suman los dos dígitos, cinco y ocho, y se obtiene trece como resultado, la combinación de los dos dígitos y la letra con la que se hace referencia a María Magdalena, «M», es la decimotercera letra del alfabeto. El origen de Baphomet se ha relacionado asimismo con la cabeza de Juan Bautista, considerado por los Templarios como el verdadero Mesías en contraposición a Cristo, a quien consideraban falso. La imagen de Baphomet que Eliphas Lévi difundió es la que ilustra ahora el Diablo de la baraja del Tarot, un ser andrógino medio mujer, medio humano, medio animal.

Caballeros Templarios: Los Caballeros Templarios se fundaron en 1188, el mismo año de los sucesos del relato alegórico de la «tala del olmo», que describe algún tipo de división o pelea. Tengan o no algo que ver con el Priorato de Sión y los Caballeros Templarios, los documentos del Priorato de Sión describen la recién adquirida independencia de los Templarios con respecto al Priorato, y el inicio de su autonomía a partir de 1188. El objetivo de los Caballeros Templarios era externamente proteger a los peregrinos en su recorrido hasta Tierra Santa. Su base de operaciones se centró en el Templo de Salomón en Jerusalén. Esto quizá sea de especial relevancia, ya que habría proporcionado a los Templarios la oportunidad de investigar cualquier secreto que el lugar tuviera que ofrecer. La orden se hizo tan rica que Felipe IV de Francia empezó a sentirse amenazado por ella (también les debía mucho dinero). Convenció al Papa Clemente V para que se uniera a él en la persecución de los Caballeros Templarios que se inició el viernes 13 de octubre de 1307, cuando sus propiedades fueron confiscadas y los Caballeros Templarios torturados para que confesaran sobre diversos asuntos, incluyendo la «adoración al diablo», después de lo cual fueron brutalmente ejecutados.

Canaan, las bodas de: Canaan era una pequeña ciudad de Galilea donde Cristo asistió a la fiesta de una boda y donde se dice que realizó su primer milagro convirtiendo el agua en vino. María asistió también a la fiesta y fue ella quien le pidió a Jesús que repusiera las reservas de vino. María dijo a los criados que hiciesen todo lo que él les dijese. Los criados respondieron como si para ellos fuese natural que Jesús y María les pudiesen dar órdenes. Sería improbable que dos invitados a un banquete de bodas asumieran la responsabilidad de ocuparse de que hubiera el vino suficiente. Tampoco parece probable que Jesús utilizara esta oportunidad para realizar su primer milagro a modo de «broma para animar la fiesta». Es mucho más probable que se tratara de la fiesta de matrimonio del propio Jesús y que fuese él, el responsable de suministrar más vino. Además, el Evangelio de San Juan 2:9-10 informa de que el «Maestresala», cuyo papel era quizá similar al del Padrino de bodas actual, era quien cataba el vino: «el maestresala llamó al novio. Y le dijo, Todo hombre sirve primero el buen vino, y cuando ya han bebido mucho, entonces el inferior, pero tú has reservado el buen vino hasta ahora». Se supone que estaba dirigiéndose a Jesús como la persona que había suministrado el vino y, por lo tanto, al novio.

Cátaros: (del griego *katharos*, «puro»), se escribe también «Cathari». Fueron considerados herejes en la Edad Media. Practicaron un tipo de dualismo neo-maniqueísta que afirmaba que el mundo estaba regido por dos dioses de igual poder. Uno era el espiritual y «buen dios» o Dios del Amor. El otro dios representaba el mundo material que era fundamentalmente malo, y era conocido como «Rex Mundi» o «Rey del Mundo». Esto entraba en conflicto con el Catolicismo que mantenía que, a pesar de que el mal venía del Demonio, se hacía aparente a través del hombre y de sus acciones. Los Cátaros aborrecían las riquezas de la Iglesia católica y preferían llevar una vida abnegada. Consideraban que lo material era malo y por ello negaban que Jesús pudiera consumir cosas materiales como hombre y seguir siendo el Hijo de Dios. No lo veían distinto a cualquier otro hombre que fuese crucificado. Algunos creían que Jesús era un espíritu puro que, por lo tanto, no podía sufrir ni morir. Creían también que la procreación era mala, aunque no llegaron a prohibir el sexo, sin duda por motivos prácticos desde todos los puntos de vista. Eran «vegetarianos» no estrictos, pues comían también pescado. A partir de 1140, los Cátaros se convirtieron en una iglesia organizada con una jerarquía, una liturgia y un sistema doctrinario. Su popularidad en Francia e Italia fue quizá lo que les llevó a su caída. Finalmente, el Papa Inocencio III (1198-1216) consiguió el apoyo de Raymond VI, conde de Tolosa, para derrotar esta herejía. Pero la jugada le salió estrepitosamente mal. El representante del Papa fue asesinado en enero de 1208 y el conde fue declarado sospechoso de haberse relacionado con el crimen. En 1209 se organizó la Cruzada Albigense para enfrentarse a los Cátaros. Un ejército compuesto por treinta mil individuos atacó la región francesa del Languedoc y masacró a todo y a todos a su paso, destruyendo cosechas, pueblos y ciudades. El último fuerte de resistencia de los Cátaros, Montsegur, cayó en 1244. Hay quien piensa que los Cátaros fueron partícipes de un secreto y/o los guardianes de un gran tesoro que consiguieron evadir de Montsegur.

Constantino, La Donación de: *La Donación de Constantino* apareció en el siglo VIII, y fue supuestamente, creada cuatrocientos años antes de su descubrimiento. La Iglesia romana afirmó que había sido escrita por el emperador Constantino el Grande y que estaba dirigida al papa Silvestre, supuestamente antes de la muerte de Constantino en 337 d.C. La *Donación* tenía como objetivo expresar la gratitud de Constantino al Papa por haberlo curado de la lepra. Como reconocimiento por ello y a modo de agradecimiento, transfería a la Iglesia todo el poder del Sacro Imperio Romano. Esto incluía el derecho a elegir y derrocar monarcas. Lorenzo Valla puso a prueba su autenticidad durante el Renacimiento y encontró pruebas de que el documento no estaba escrito en la época de Constantino. Sin embargo, a pesar de que se demostró que *La Donación de Constantino* era un fraude, la Iglesia nunca lo ha admitido y ha seguido ejerciendo los derechos que consiguió de manera ilícita.

Desposyni (descendientes de Cristo): según el íntimo amigo de Constantino el Grande, el obispo Eusebio y el historiador Julio el Africano, que vivió en el período comprendido entre 160 y 240 d.C., escribió: «Herodes, que no tenía en sus venas ni una gota de sangre israelita y que sentía rabia ante sus humildes orígenes, hizo quemar los registros de todas sus familias [...]. Unas cuantas personas cuidadosas guardaban sus propios registros, bien recordando los nombres o bien recuperándolos a partir de copias, y se enorgullecían de preservar la memoria de su origen aristocrático. Entre esas personas se incluían los conocidos como Desposyni (que quiere decir la Gente del Maestro), por su relación con la familia del sabio». El mismo San Pablo comentó que se había casado y que, de hecho, era viudo. No hay registros que indiquen que Santiago, el hermano de Jesús, tuviera hijos. Pero siendo como era, un judío verdaderamente devoto, es seguro que estuvo casado, como ordenaba la ley. Una vez más, según Eusebio, los descendientes de la familia de Jesús, incluyendo tal vez a los del mismo Jesús, se convirtieron en líderes de diversas iglesias cristianas, y siguieron estrictamente las reglas de la sucesión dinástica. Las remonta hasta la época del emperador Trajano, es decir, entre 98 y 117 d.C. Durante la época de Constantino, en 318 d.C., una delegación de Desposyni se reunió con el Papa Silvestre para exigirle diversas cosas, incluyendo la devolución de los fondos enviados a su Iglesia en Jerusalén y su reconocimiento como Madre Iglesia. No es necesario decir que sus demandas fueron rechazadas. En aquel momento, la Madre Iglesia estaba ya bien establecida en Roma, para bien o para mal, y nadie se planteaba la posibilidad de cambiar la situación.

Merovingios: se cree que eran los monarcas que descendían, a través del linaje Davídico, de los descendientes de Jesucristo que llegaron a Francia junto con María Magdalena. La dinastía reinó en la Galia y en la Alemania actual entre 500 y 750, aproximadamente, y sus territorios fueron extendiéndose gradualmente a medida que su éxito y su prosperidad aumentaban. Después del controvertido asesinato del rey Dagoberto III, pareció como si la dinastía se hubiese extinguido. Pasó a ser sustituida por sus antiguos servidores, los «Mayordomos de Palacio», que constituyeron el linaje Carolingio. Estos monarcas, entre los que se incluye Carlomagno, se casaron con princesas merovingias, manteniendo de este modo con vida el linaje Davídico.

Opus Dei: (nombre completo, Prelatura de la Santa Cruz y el Opus Dei). Se trata de una controvertida organización católica romana integrada por laicos y sacerdotes. Fue fundada en España en 1928 por José María Escrivá de Balaguer y Albás, canonizado en 2002. Algunos miembros del Opus Dei son conocidos como Numerarios y se consagran completamente a la organización. Se les exige que permanezcan solteros y que realicen votos de celibato, obediencia y castidad; pero viven en el mundo y desarrollan ocupaciones seculares; se sabe que practican la auto mortificación. Otros miembros tienen permiso para casarse y contribuyen económicamente a la organización. Varios de sus miembros estuvieron implicados en las reformas económicas implementadas en 1956 por el general Franco, el dictador fascista. Después de la muerte de Franco, en 1975, la influencia del Opus Dei en España disminuyó, aunque sigue siendo popular. El Opus Dei niega las acusaciones frecuentes que le acusan de prácticas de reclutamiento agresivas, incluyendo el lavado de cerebro de los reclutados, y el aislamiento de los miembros respecto a sus familias.

Pastores de la Arcadia, Los: Cuando Bérenger Saunière visitó París con los pergaminos que había encontrado en Rennes-le-Château, compró en el Louvre reproducciones de tres pinturas. Una de ellas era *Los pastores de la Arcadia*, de Nicolás Poussin. El cuadro tenía una historia. El abad Luis Fouquet, hermano de Nicolás Fouquet, superintendente financiero de Luis XIV de Francia, visitó a Nicolas Poussin en 1656, mientras el pintor vivía en Roma. Poco después, el abad escribió una carta a su hermano diciéndole que había descubierto secretos que le darían, a través de Poussin, «ventajas que incluso los reyes querrían obtener de él» y que, según él, es posible que nadie más fuera capaz de descubrirlos en los siglos venideros. El enigma de este misterio prevalece, pero poco después de recibir la carta, Nicolás Fouquet fue arrestado y encarcelado a cadena perpetua. El rey Luis XIV hizo todo lo posible para adquirir la obra de Poussin, *Los pastores de la Arcadia*, y la mantuvo escondida en sus aposentos privados en Versalles. El cuadro representa a tres pastores y una pastora que contemplan una tumba en la que está escrita la inscripción: «*Et in arcadia ego*». Generalmente se consideraba que el paisaje y la tumba eran producto de la imaginación del artista, pero en la década de 1970, se descubrió una tumba idéntica con un paisaje idéntico, a escasos kilómetros de Rennes-le-Château. La tumba lleva allí desde siempre, según los habitantes del pueblo, y parece ser que se menciona en una memoria fechada en 1709. Un telespectador ofreció, durante un programa a Baigent, Leigh y Lincoln, una posible explicación de la inscripción que aparece en la tumba. Se trata de un intrigante anagrama del latín:

«I TEGO ARCANA DEI»
«¡ALEJAOS! GUARDO LOS SECRETOS DE DIOS».

En los documentos del Priorato de Sión se dice que «Et in Arcadia Ego» era también el lema oficial de la familia Plantard en el siglo XII. David Word e Ian Campbell dicen, en *El secreto de Poussin*, que el profesor Conford analizó *Los pastores de la Arcadia* en la película de BBC Chronicle, *El sacerdote, el pintor y el diablo*, y destacó que la composición de la pintura era una combinación de la Razón Áurea y la geometría Pentagonal. Este pentágono está centrado en el útero de la pastora. Las iglesias y otros puntos destacados de Rennes-le-Château forman también un pentagrama así.

Pierre Plantard de Saint-Clair: restableció el Priorato de Sión en 1956. Fue el último supuesto Gran Maestre del Priorato de Sión y fue entrevistado en varias ocasiones por Baigent, Leigh y Lincoln para sus libros *Sangre Santa, Santo Grial* y *El legado mesiánico*. En 1979, siendo Secretario General, les explicó que el Priorato de Sión poseía el tesoro del Templo de Jerusalén que había sido saqueado por los romanos durante las revueltas de 66 d.C. y finalmente trasladado quizás al sur de Francia, cerca de Rennes-le-Château. Dijo también que el tesoro sería devuelto a Israel cuando «fuera el momento adecuado». Parece ser que asumió el puesto de Gran Maestre el 17 de enero de 1981 y lo abandonó en 1984. No se sabe quién estuvo al cargo entre él y Jean Cocteau, que había fallecido en 1963.

Priorato de Sión: sociedad secreta que data del siglo XII. Su historia puede seguirse hasta el siglo XVI, pero parece ser que pasó a ser clandestina en 1619, momento a partir del cual empezó a operar con distintos nombres y, a veces, a desaparecer por completo. La forma moderna de la organización es la que fue refundada en 1956 por Pierre Plantard de Saint-Clair y sus asociados. Fue oficialmente desmantelada en 1984. Se cree que el objetivo de la organización era proteger y fomentar los intereses de la dinastía Merovingia a quien el Priorato consideraba la correcta gobernadora de Europa.

Rosacruces: No existen pruebas de que los Rosacruces existieran antes de finales del siglo XVI. El primer documento que los menciona es el *Fama Fraternitatis* («Relato sobre la Hermandad»), publicado en 1314. La organización se consagró al estudio del saber metafórico y místico, y se mostró particularmente interesada por la transmutación de los metales, la prolongación de la vida y el control de los elementos. Su nombre procede de la combinación de las palabras «rosa» y «cruz». Se dice que el movimiento fue fundado por un mítico caballero del siglo XV, Christian Rosenkreuz, supuestamente nacido en 1378 y que vivió 106 años. La historia dice que adquirió conocimientos esotéricos en sus viajes a Egipto, Damasco en Arabia y Fez en Marruecos. Cuando regresó a Alemania, transmitió sus conocimientos a otras personas. Se piensa que tuvo ocho discípulos que difundieron sus conocimientos por el mundo.

Santo Grial: referido en los manuscritos más antiguos como Sangraal y mencionado por Sir Thomas Malory (el autor de *La muerte de Arturo*, impreso en 1483) como Sangreal. Es probable que una de esas dos versiones fuera la original. La palabra puede claramente dividirse como San Graal (que significaría «Santo Grial»), o Sang Real (que significaría «Sangre Real»), haciendo referencia al linaje de Jesucristo que dio lugar a la dinastía Merovingia. Por otro lado, existe el cáliz conocido como el Santo Grial, que la Iglesia católica reconoce como el que utilizó Jesucristo en la Última Cena, y que los Papas de Roma utilizaron hasta que San Lorenzo lo trasladó a España. Actualmente se conserva en la catedral de Valencia.

Saunière, Bérenger: destinado en 1855 a la iglesia parroquial del pueblo de Rennes-le-Château en la zona del sur de Francia conocida como el Languedoc. La iglesia del pueblo estaba dedicada a María Magdalena. Una de las primeras tareas que Saunière emprendió fue la restauración de la iglesia. Durante la misma, descubrió unos pergaminos ocultos en un pilar, escritos con algún tipo de clave secreta. Los llevó a su obispo, quien de inmediato lo envió a París. Allí se reunió con el abad Bieil, director general de Saint-Sulpice, y con su sobrino, un renombrado erudito especializado en lingüística y criptografía. Durante las tres semanas que pasó en París se reunió también con otras celebridades de la época. Cuando regresó a Rennes-le-Château, decoró la iglesia con una caótica mezcla de imaginería ambigua y colocó una escultura de Asmodeus, «Rex Mundi», en la entrada. Adoptó costumbres extrañas, como pasear por el campo para recoger piedras. Recibió las visitas de diversos personajes importantes y se hizo de pronto, muy rico. Construyó una casa junto a la iglesia y una torre en la montaña, además de pagar por la construcción de una carretera que ascendiera hasta el pueblo. Murió en circunstancias misteriosas en 1916 y su ama de llaves vivió en la casa hasta su fallecimiento, quizá llevándose su secreto a la tumba.

Bibliografía

Publicaciones
Michael Baigent, Richard Leigh y Henry Lincoln, *Holy Blood, Holy Grail*, Nueva York: Dell, 1983.
Michael Baigent, Richard Leigh y Henry Lincoln, *The Messianic Legacy*, Nueva York: Dell, 1989.
Michael Baigent y Richard Leigh, *The Dead Sea Scrolls Deception*, Nueva York: Simon & Schuster, 1993.
Tracy Twyman y Boyd Rice, *The Vessel of God*, York Beach, ME: Weiser Books, 2004.
Nicholas de Vere, *The Dragon Legacy*, San Diego, CA.: The Book Tree, 2004.
Ean y Deike Begg, *In Search of the Holy Grail and the Precious Blood*, Thorsons, Londres: 1995.
Laurence Gardner, *Bloodline of the Holy Grail*, Gloucester, MA, Fair Winds Press, 2002.
Christopher Knight y Robert Lomas, *Uriel's Machine, The Ancient Origins of Science*, Londres: Arrow, 2000.
Alison Weir, *Britain's Royal Families*, Londres: Pimlico, 2002.
James M. Robinson, ed., *The Nag Hammadi Library in English*, San Francisco, CA: HarperCollins 1990, pp. 139-160, Wesley W. Isenberg, p. 141.
Bentley Layton, *The Gnostic Scriptures, Ancient Wisdom for the New Age*, Anchor Bible Reference Library – ABRL, Doubleday, 1987.
Geoffrey Ash, *Mythology of the British Isles*, Londres: Methuen, 1990.
David Wood y Ian Campbell, *Poussin's Secret*, Tunbridge Wells, Reino Unido: Genisis Trading Co. Ltd., 1995.

HRH Prince Michael of Alban, *The Forgotten Monarchy of Scotland*, Londres: Element, 1998.
Ben Weinreb y Christopher Hibbert, *The Londres Encyclopaedia*, Londres: Papermac, 1983.
Joseph Maxwell, *The Tarot*, Londres: Neville Spearman, 1975.
Ivor H. Evans, *Brewer's Dictionary of Phrase and Fable*, Nueva York: HarperResource, 2000.
Robert Graves, *The Greek Myths*, Nueva York: Penguin USA, 1993.
Christopher Haigh (editor), *The Cambridge Historical Encyclopedia of Great Britain and Ireland*, Londres: Cambridge University Press, 1985.
Tracy Twyman, *Dagobert's Revenge Magazine*.

Programas de televisión
ABC News *Primetime Monday, Jesus, Mary, and Da Vinci*.
Discovery Civilization, *The Real Jesus Christ*.
Discovery Civilization, *The Holy Grail*.
Henry Lincoln, producciones para la BBC:
  –*The Lost Treasure of Jerusalem* (1972)
  –*The Devil's Hoard of Rennes-le-Chateau* (1973)
  –*The Priest, the Painter and the Devil* (1974)
  –*The Shadow of the Templars* (1979)
Véase también en www.tour-magdala.com.

Páginas web
www.thedavincicode.com
www.dagobertsrevenge.com
www.opusdei.org
www.odan.org
www.templarhistory.com
www.danbrown.com

Ofrecemos la lista de publicaciones que suministra Dan Brown en su website:

The History of the Knights Templars
  –Charles G. Addison

Rosslyn: *Guardians of the Secret of the Holy Grail*
  –Tim Wallace-Murphy

The Woman With The Alabaster Jar: Mary Magdalene and the Holy Grail
 —Margaret Starbird

The Templar Revelation: Secret Guardians of the True Identity of Christ
 — Lynn Picknett & Clive Prince

The Goddess in the Gospels: Reclaiming the Sacred Feminine
 —Margaret Starbird

Holy Blood, Holy Grail
 —Michael Baigent, Richard Leigh, Henry Lincoln

The Search for the Holy Grail and the Precious Blood
 —Deike Begg

The Messianic Legacy
 —Michael Baigent

The Knights Templar and their Myth
 —Peter Partner

The Dead Sea Bible. The Oldest Known Bible
 —Martin G. Abegg

The Dead Sea Deception
 —Michael Baigent, Richard Leigh, Henry Lincoln

The Nag Hammadi Library in English
 —James M. Robinson

Jesus and the Lost Goddess: The Secret Teachings of the Original Christians
 —Timothy Freke, Peter Gandy

When God was a Woman
 —Merlin Stone

The Chalice and the Blade. Our History, our Future
 —Riane Eisler

Born in Blood
 —John J. Robinson

The Malleus Maleficarum
 —Heinrich Kramer & James Sprenger

The Notebooks of Leonardo da Vinci
 —Leonardo da Vinci

Prophecies
   –Leonardo da Vinci

Leonardo da Vinci: Scientist, Inventor, Artist
   –Otto Letze

Leonardo: The Artist and the Man
   –Serge Bramly, Sian Reynolds

Their Kingdom Come: Inside the secret world of Opus Dei
   –Robert A. Hutchison

Beyond the Threshold: A Life in Opus Dei
   –María del Carmen Tapia

The Pope's Armada: Unlocking the Secrets of Mysterious and Powerful New Sects in the Church
   – Gordon Urguhart

Opus Dei: An Investigation into the Secret Society Struggling for Power Within the Roman Catholic Church
   –Michael Walsh

I. M. Pei: A Profile in American Architecture
   –Carter Wiseman

Conversations With I. M. Pei: Light Is the Key
   –Gero Von Boehm